KB214576

하나님께서 만드신 새 사람들에 관한 묵상, 에클레시아

개혁신앙강해 3
하나님께서 만드신 새 사람들에 관한 묵상, 에클레시아

초판 1쇄 • 2015.04.13
지 은 이 • 강현복 목사
펴 낸 이 • 장문영
펴 낸 곳 • 도서출판 R&F
등   록 • 제2011-03호(2011.02.18)
주   소 • 경북 경산시 하양읍 대학로298길 20-9 (하양롯데아파트) 110동 2003호
연 락 처 • 054. 251. 8760 / 010. 4056. 6328
이 메 일 • k-calvin@hanmail.net
디 자 인 • 김진희, 박경은, 유아셀, 이은지
I S B N • 978-89-966360-4-5
가   격 • 12,000원

RnF (Reformed and Faith)는 종교개혁의 유산을 이어받아 개혁신앙을 바탕으로 이 땅의
교회가 바르고 건강하게 세워져 가기를 소망합니다.

하나님께서 만드신 새 사람들에 관한 묵상

에클레시아

강현복 목사

RnF

일러두기

1. 이 책에서 인용한 한글 성경 말씀은 '개역 한글판 성경전서'(1961년 대한 성서공회 발행)
   를 사용하였습니다.
2. 각 장 마지막에 내용 이해를 돕기 위한 '생각할 문제'를 수록하였습니다.

서 문

2012년 9월부터 이듬해 8월까지. 나는 교회로부터 안식년을 선물로 받았다. 말은 '선물'이었지만 실상은 마치 어린 아이가 어머니에게 조르듯이 얻어낸 시간이었다. 교회는 내게 어머니처럼 관대했다. 아무런 준비도 없이, 가족들과 함께 떠날 필리핀 행 티켓을 구매했다. 자정을 넘긴 시간에 도착하니 마닐라의 밤은 뜨거운 열기로 우리 가족을 맞이했다. 9월의 마닐라는 내가 미처 남국의 매력을 맛보기도 전에 지독한 매연부터 불쑥 던져주었다. 그곳에서 대부분의 시간을 그 매연과 더불어 지내면서 그나마 위안은 하늘이었다. 필리핀의 하늘. 뜨거운 태양 때문에 감히 쳐다볼 수 없을 것 같았지만, 그 하늘은 고결하고 친근했다. 그런 하늘 덕분에 하늘보좌에 앉으신 삼위 하나님에 대한 묵상도 더욱 즐거웠다.

어느 곳에 가더라도 같은 신앙의 교회를 찾아 출석하는 것은 개혁신앙인의 기본적인 원리이다. 나는 그 원리에 충실하려고 무척이나 애썼다. 그러나 같은 신앙고백으로 세워진 교회를 통해 주어지는 복을 누리지는 못했다. 이 일은 나에게 가장 아쉬운 기억으로 남았다. 대신 나에게는 선교현지를 조금 익힐 수 있는 좋은 기회였다.

교회로부터 받은 선물에 답이라도 하듯 안식년 동안 나는 '교회에 대한 글'을 정리했다. 빈약한 참고도서는 내게 행운이었다. '나'를 바르게 볼 수 있는 천복(天福)이었다. 오로지 내가 이해하고, 알고 있는 것이 무엇인지 속속들이 드러났다. 교회에 대한 나의 무지가 적나라하게 드러나는 시간이었다. 그렇게 좋은 교회를 찾아 애쓴 나의 열정에 비해 내가 알고 있는 교회에 대한 이해는 천박하기 이를 데 없었다. 그럼에도 불구하고 시간을 내어 성경이 말하는 교회에 대해, 그리고 그 교회가 어떤 모습으로 이 땅 위에 건설되어야 하는지 조금씩 정리해 나갔다.

안식년을 마치고 목회사역에 복귀하고 나니 그때 정리한 것들을 다시 손볼 틈이 나지 않았다. 그렇게 1년 6개월이라는 시간이 흘러갔다. 그사이 내겐 감당할 수 없는 사건들이 밀려왔다. 나는 아직도 그 사건들로부터 완전히 헤어나오지 못하고 있다. 하지만 교회가 내게 준 큰 선물에 답하는 길은 원고를 되도록 빨리 정리하는 것이라 생각했다. 이 책은 그 결과물이다. 쓰고 나니 아쉬움이 너무 많다. 큰 선물에 대한 미미한 화답이다.

하나님께서 만드신 새 사람들에 관한 묵상, 에클레시아(ecclesia: 교회). 교회를 아는 일은 배움을 통해서만 체득되지 않는다. 그것은 삼위 하나님을 만나야 비로소 체화된다. 그렇게 하나님을 만난 새 사람들이 교통할 때, 교회는 그들의 삶이 된다. 교회를 온갖 아름다운 언어로 묘사한들 삶이 되지 않으면 허황된 것이다. 이 책에 담긴 나의 묵상이 '삶'과 유리된 지적 유희물로 전락되지 않기를 바란다.

가장 먼저 신약성경의 몇몇 본문을 다소 길게 다루었다. 이는 각 성경 본문 안에 숨겨져 있는 '삶'을 구체적으로 소개하기 위함이다. 곧이어 직분을 다룬 것은 나름의 의도 때문이다. 나는 속히 한국 교회 가운데 바른 직분관이 회복되기를 소망한다. 직분의 회복 없이는 교회의 회복도 없다. 그리고 은혜의 방편을 풍성히 말하기보다 교회의 표지를 정리했다. 이 역시 속화된 교회를 돌이키고자 하는 작은 열망의 표이다. 나는 성도의 교제가 성도로서의 실질적인 삶과 매우 깊이 연관되어 있다고 본다. 이를 설명하기 위해 성도의 교제를 독립된 하나의 장으로 다루었다. 아무리 좋은 신학을 가졌어도 교제를 통한 삶의 실질이 없다면 무용지물이다. 신앙고백 역시 당당하게 한 장을 차지했다. 다양한 종류의 신앙고백들이 성도들에게는 너무 생소할 것 같아서 최대한 간략하게 정리했다.

나는 목사이면서 경상도 출신이다. 나는 말을 많이 하는 것을 좋아하지 않고 간단명료하게 요약하여 말하는 편을 선호한다. 남의 단점을 좀처럼 말하지 않으며, 그렇다고 타인의 장점을 호들갑스럽게 말하기도 싫어한다. 솔직히 이러한 성향 때문에 내가 성도들을 사랑하지 않는 목사로 비칠까 염려된다. 그러나 나는 우리 성도들을 무지 좋아하며 사랑한다. 나의 혈육들에겐 미안한 말이다. 나는 목사이면서 한 교회의 성도이길 열망한다. 특별히 하나님의 식구로 살고 싶다. 내 소박한 꿈이 이 책 속에 담겨있다.

2015년 4월
저자 강현복

~

1

교회를 바르게 이해하기 위한 기초
하나님 나라

1

교회를 바르게 이해하기 위한 기초[1]
하나님 나라

하나님께서는 말씀으로 천지를 창조하셨습니다. 하늘과 땅은 하나님의 창조물입니다. 이사야 66:1에서 하나님께서는 "하늘은 나의 보좌요 땅은 나의 발등상"이라 하셨습니다. 이어서 "너희가 나를 위하여 무슨 집을 지을꼬 나의 안식할 처소가 어디랴"라고 하셨습니다.[2] 이를 통해 우리는 천지창조가 하나님의 집 지으심이라 이해할 수 있습니다.

아담은 그 집의 대리자였습니다. 그는 하나님의 집에서 왕이요, 제사장이었습니다(창1:26~28, 2:15).[3] 하지만 아담은 모든 만물을 완전하게 다스릴 능력을 지닌 왕은 아니었습니다. 그에게는 작은 거

---

1) 교회에 대한 성경의 가르침은 신약성경에서 출발하지 않습니다. 교회에 대한 바른 이해는 성경 전체를 통해 주어집니다. 그러므로 신구약성경 전체를 바르게 이해하여야 교회에 대한 성경의 가르침도 바르게 이해할 수 있습니다. 하지만 구약성경보다 신약성경이 교회에 대하여 조금 더 직접적으로 가르치기에 우리는 신약성경을 중심으로 교회를 살피려 합니다. 그럼에도 불구하고 구약 전체의 메시지를 잘 이해하는 것은 신약성경을 정확하게 이해하는 기초입니다. 이러한 측면에서 구약성경의 전체 메시지를 요약한 책들을 소개하면 다음과 같습니다. 그레고리 빌, 『신약성경신학』, 김귀탁 역 (서울: 부흥과개혁사, 2013), 46~103, 강현복, 『땅 위에 아로새겨진 하늘나라』 (경산: 도서출판 R&F, 2011).

2) 이사야 66:1~4은 언약백성들이 성전과 제물 자체에만 관심을 두고 하나님께서 진정으로 원하시는 것이 무엇인지 헤아리지 못하는 모습을 책망하고 있습니다. 한정건, 『이사야의 메시야 예언 II』 (서울: 기독교문서선교회, 2012), 336.

3) 존 페스코, 『태초의 첫째 아담에서 종말의 둘째 아담 그리스도까지』, 김희정 역, (서울: 부흥과개혁사, 2012), 113~123.

처가 선물로 주어졌습니다. 곧 에덴에 있는 동산입니다. 그곳을 하나님의 뜻에 따라 다스리며 영화롭게 할 책임이 아담에게 있었습니다. 그는 맡겨진 사명을 잘 감당해 갈수록 하나님의 뜻을 더욱 온전하게 이해하게 되며, 하나님의 집을 영화롭게 할 수 있었습니다. 이것이야말로 그분이 창조하신 만물들이 그분의 뜻에 따라 더 온전한 상태로 자랄 수 있는 기회였습니다.

하지만 안타깝게도 모든 것이 흐트러졌습니다. 사단은 뱀을 통해 여자를 유혹했습니다(계12:9). 죄가 하나님의 백성을 삼켰습니다. 아담과 여자는 하나님의 말씀보다 사단의 말을 신뢰했고, 종국에는 그 말에 순종했습니다. 죄로 말미암아 삼위 하나님의 계획은 중단되었습니다. 인간은 하나님의 왕국에서 쫓겨났습니다. 더 이상 왕도, 제사장도 아니었습니다. 그러나 삼위 하나님께서는 당신의 계획을 중단하지 않으셨습니다. 사단으로 말미암아 깨어진 관계를 회복하기 원하셨습니다. 사단의 편이 되어 버린 인간을 다시 자신의 백성으로 만들고 싶어 하셨습니다. 그분은 인간으로 인해 잃어버린 낙원을 다시 회복할 것이라고 약속하셨습니다.

'여자의 후손'에 대한 약속은 하나님의 왕국을 재건하며, 깨어진 관계를 회복할 수 있는 유일한 길이 되었습니다(창3:15). 이 약속을 믿는 자는 하나님의 백성이지만 믿지 않는 자는 사단의 씨(seed)였습니다. 아담과 하와의 희망에도 불구하고 가인은 사단의 씨였습니다.[4] 가인은 하나님의 약속을 조롱하듯 동생 아벨을 죽였습니다(요일3:12). 이는 복음을 조롱하는 사단의 공격이었습니다. 그러나 약속

---

4) 아담과 하와가 가인에게 희망을 가졌다는 것은 '가인'이라는 이름의 의미 때문입니다. 가인은 '내가 얻었다'라는 뜻으로, 아벨(하찮음)과는 반대의 의미입니다.

에 신실하신 하나님께서는 아벨 대신에 셋을 주셨고, 셋에게서 에노스가 태어나게 하셨습니다.

셋에서 노아로 이어지는 족보(창5장)는 하나님께서 여자의 후손에 대한 약속을 잊지 않으셨음을 강조합니다. 하지만 사단은 인류에게서 믿음을 제거하기 위해 온갖 술수를 꾸몄습니다. 노아 시대에는 사단이 승리하는 듯 보였습니다. 믿는 자들과 믿지 않는 자들이 혼인을 통해 연합되었습니다(창6:2). 여자의 후손에 대한 하나님의 약속은 노아 시대 사람들에게 복음이 아니었습니다. 그들은 복음에 관심이 없었습니다. 먹고 마시고 장가들고 시집가면서 살았습니다(마24:38). 그렇게 사는 것이 진정한 행복이라 생각했습니다. 하나님의 약속은 그들의 관심 밖에 있었습니다.

강력한 죄의 세력을 더 이상 볼 수 없었던 하나님께서는 물로 세상을 심판하셨습니다. 이 심판을 통해 새로운 세상이 출현했습니다. 노아의 가족들만 생존했습니다. 오직 거룩한 백성들만 생명을 유지한 것처럼 보였습니다. 그러나 그 속에도 사단의 씨가 있었습니다. 함 입니다. 가나안의 아비 함은 노아의 신앙을 이어받지 못했습니다.[5] 여자의 후손에 대한 약속은 셈을 통해 이어지리라는 말씀이 선언되었습니다(창9:26,27). 하나님께서는 더 이상 물로 심판하지 않을 것을 약속하셨고, 그 징표로 무지개를 구름 속에 두셨습니다. 노아와 그 후손들과 맺으신 언약으로, 땅은 보존되었고 여자의 후손이 올 수 있는 터가 되었습니다.

함의 후예 중에 니므롯이라는 왕이 등장했습니다. 그는 바벨운동

---

5) 노아의 포도주 먹음과 함의 행동에 대한 평가는 필자의 『땅 위에 아로새겨진 하늘나라』, 82~86을 참고하세요.

의 주인공이었습니다(창10:6~12, 11:1~9). 하나님의 약속은 다시 한 번 도전에 직면했습니다. 하나님께서는 죄의 세력을 억제하기 위해 언어를 혼잡케 하셨습니다. 하나의 언어를 사용하던 인류는 이후 여러 언어를 사용하게 되었습니다.[6]

하나님께서는 셈의 후예 중 아브람을 부르시고 땅, 민족, 복을 약속하셨습니다(창12:1~7). 이 진전된 계시로 인해 여자의 후손에 대한 약속은 그 본질과 성격이 뚜렷해졌습니다. 여자의 후손을 통해 궁극적으로 '나라'를 이루실 것을 말씀하셨습니다. 땅과 민족은 나라의 기본적 요소입니다. 복에 대한 약속은 그 나라의 본질이 무엇인지 가르칩니다.

이삭의 출생과정은 민족에 대한 약속이 어떤 원리로 성취되는지를 보여줍니다. 아브라함과 사라는 나이 많아 늙었고, 사라는 아이를 잉태할 수 없는 몸이었습니다(창18:11). 그럼에도 불구하고 하나님께서는 그들의 믿음대로 이삭을 선물로 주셨습니다(롬4:17~22). 우리는 여기서 하나님께서 자기 백성을 부르시는 대(大) 원리를 깨닫습니다. 그분께서는 자기 백성을 자기의 뜻과 능력으로 부르십니다.[7] 아브라함에게 하신 약속은 이삭과 야곱에게도 동일하게 주어졌습니다(창26:2~6, 28:10~19).

야곱에게서 열두 명의 아들이 태어났습니다. 이들로 인해 이스라

---

6) 이 면에서, 오순절 성령님의 오심(행2장)으로 나타난 현상 중 하나인 방언 말함은 하나님 나라의 회복을 선언하는 가장 강력한 표이며, 바벨운동에 대한 하나님의 심판이 종결되고 새로운 시대가 도래했음을 알리는 신호입니다.

7) 이러한 성경이해는 교회가 복음전파 사역을 감당하는 기초가 됩니다. 오늘날 한국 교회의 무분별한 전도운동은 하나님께서 자기 백성을 부르시는 원리를 약화시키는 경향이 있습니다. 물론 성도들은 복음을 전하기 위한 여러 가지 노력과 수고를 게을리 해서는 안 됩니다. 그러나 그 노력과 수고가 하나님의 부르심을 능가하는 어떤 능력을 지닌 것으로 오해해서는 안 됩니다.

엘 열두 지파의 근간이 형성되었습니다. 아브라함에게 주신 계시대로 이들은 이방에서 객이 되어 400년을 지내야 했습니다(창15:13). 그때에도 하나님께서는 자기 백성을 보호하고 인도하셨습니다. 그 보호와 인도의 사명을 요셉이 감당했습니다. 요셉은 계시를 받은 자였고(창37:5~10), 그 계시대로 살았습니다. 그는 13년 동안 타국에서 고난의 삶을 살았지만 결코 하나님의 약속을 잊지 않았습니다. 형들을 만났을 때 했던 그의 고백은 하나님의 약속을 따라 살아가는 삶의 전형을 보여줍니다(창45:5).

하나님께서 말씀하신 바대로 이스라엘은 바로의 노예가 되었습니다. 사단의 앞잡이가 된 바로는 하나님의 계획(특별히 큰 민족에 대한 약속과 땅과 관련하여)에 정면으로 도전했습니다. 그는 여자의 후손들을 제거하고자 했습니다(출1장). 그러나 하나님께서는 오히려 히브리인들의 자손을 번성케 하셨습니다. 모세의 인도로 이스라엘 백성들은 출애굽 합니다. 바로는 완고하여 하나님의 백성들을 보내지 않았습니다. 하나님께서는 열 재앙으로 애굽을 징계하셨습니다. 열 재앙은 애굽의 신들에 대한 하나님의 심판입니다(출12:12).

모세의 인도로 하나님의 백성들은 시내 산 앞에 도착했습니다. 시내 산에서 하나님께서는 그 백성들을 만나셨고, 두 가지 중요한 계시를 주셨습니다. 첫째는 그 백성과 언약을 맺으심으로 그들의 정체성을 깨닫게 하셨으며, 둘째는 하나님께서 꿈꾸시는 왕국의 모습을 성막을 통해 보여주셨습니다. 그러므로 우리는 언약체결을 통하여(출19~24장) 이스라엘이 거룩한 백성이 되며, 제사장 나라가 됨을 알 수 있습니다(출19:6). 이는 하나님께서 첫 창조를 통해 꿈꾸셨던 바를 비로소 국가의 형태를 갖춘 자기 백성들에게 선언하신 것입니다. 이스라엘은 '나라'가 되어야 합니다. 어떤 나라입니까? '제사장' 나라입니다. 제사장은 하나님과 자기 백성을 연결하는 역할을 합니다. 그러니 이스라엘은 땅 위에 흩어져 있는 이방나라들을 하나님과 연결하는 통로인 것입니다. 이방은 이스라엘을 통하여 하나님의 백성이 될 수 있습니다. 이스라엘은 구원의 빛입니다.

십계명으로 요약되는 율법은 하나님 나라의 백성들이 그들의 정체성을 드러내는 수단입니다. 율법은 하늘나라가 어떻게 건설되고 유지되는지를 가르치는 바로미터입니다. 율법이 온전히 지켜지면 하나님이 꿈꾸시던 나라의 모습이 드러납니다. 하나님께서는 자기 백성들에게 성막을 선물로 주셨습니다. 성막은 모세가 마음대로 지은 집이 아닙니다. 성막은 하나님께서 보여주신 대로 지어졌습니다 (출25:9). 모세는 하나님 나라의 모형으로 성막을 지었습니다. 그러므로 성막은 하늘의 모습을 땅 위의 백성들에게 보여주는 또 다른 도구입니다. 성막의 구조와 모양들이 그러하고, 성막에서 봉사하는 제사장들의 사역도 그러합니다. 성막에 대한 이러한 의미는 솔로몬이 건축한 성전으로 그대로 이어지며, 신약성경에서는 예수님에게로 그리고 교회로 이어집니다(요2:19~21; 엡2:20~22).

출애굽 한 하나님의 백성들은 광야에서 40년을 살았습니다. 모세가 죽고 여호수아의 인도로 가나안 땅에 입성했습니다. 가나안은 약속의 땅입니다. 아브라함, 이삭, 야곱에게 하신 약속을 따라 하나님께서는 자기 백성들에게 가나안을 선물로 주셨습니다. 가나안을 차지하는 것은 전쟁의 능력에 달려있지 않았습니다. 여리고 성의 함락은 이 사실을 너무나 분명하게 가르칩니다. 여리고 성은 믿음으로 얻은 땅입니다. 그래서 여리고 성을 재건하는 자는 여호와 앞에서 저주를 받고, 기초를 쌓을 때에 장자를 잃고, 문을 세울 때에 계자를 잃을 것이라 했습니다(수6:26). 누구든지 여리고 성을 재건하는 자는 하나님 나라의 본질 중 하나인, 믿음으로 말미암아 구원을 얻는다는 도리를 제거하는 자였습니다.

약속의 땅 가나안에 입성한 하나님의 백성들은 땅을 분배 받습니다. 지파별로 이루어진 땅 분배는 제비뽑기와 가족 수가 기준이었습니다(수13:15,23,24, 14:2, 15:1, 16:5). 이는 하나님 나라가 어떤 원리로 그 백성들에게 주어지는지를 가르칩니다. 제비뽑기는 땅을 분배 받는 백성에게 선택권이 있는 것이 아니라 모든 것이 여호와 하나님으로부터 옴을 가르칩니다. 가족 수를 따라 땅을 분배하는 것은 모든 것이 공평하게 주어짐을 가르칩니다.

약속의 땅을 분배 받은 하나님의 백성들은 이제 그 땅을 정복해야 합니다. 하지만 사사기에서는 반대 방향으로 역사가 전개됩니다. 제사장 나라요 거룩한 백성인 이스라엘은 약속을 믿음으로 받지 않습니다. 율법을 따라 살아가는 모습은 희귀해졌으며, 성막을 통해 드러난 하나님 나라의 원리도 무시되기 일쑤였습니다. 결국, 약 300년에 가까운 사사 시대는 불순종의 극치를 보여줍니다.

하나님께서는 천지창조를 통하여 자신의 왕국이 어떤 원리로 건설되는지 분명하게 보여주셨습니다. 죄로 말미암아 하나님의 왕국 건설은 중단되었습니다. 죄 문제를 해결하고 하나님의 왕국을 재건하기 위해 여자의 후손을 약속하셨고, 그 약속은 아브라함에게로 이어집니다. 족장들에게는 여자의 후손에 대한 약속과 더불어 왕국의 세 가지 요소인 백성, 땅, 복이 약속되었습니다. 이제 그 약속이 이루어져가는 중입니다. 그러나 사사 시대에는 이 약속에 대한 믿음이 너무나 미미하여 단절된 듯이 보입니다. 사사 시대는 하나님의 약속이 어떻게 죄로 인해 저지되는지를 잘 보여줍니다. 그럼에도 불구하고 하나님께서는 사사들을 두셔서 그 약속을 이루어가셨습니다. 특히 사무엘의 등장을 통하여 이스라엘의 역사가 제사장 나라로서 어떻게 진행되는지 잘 알 수 있습니다.

레위 지파 출신인 사무엘은 죄 가운데 있는 이스라엘을 회복시킴으로 참 제사장의 모습을 보여주었습니다. 미스바에서의 회개는 '이스라엘을 치는 막대기'인 블레셋을 제거하는 힘이었습니다(삼상 7:6~11). 그 후, 사무엘은 하나님의 왕국에 왕을 세웁니다. 그러나 왕을 세워달라는 이스라엘 장로들의 청원은 하나님을 노엽게 하는 것이었습니다. 그들이 구한 것은 하나님이 원하시는 왕이 아니라 열방과 같은 왕이었습니다(삼상8:5).[8]

사울, 다윗, 솔로몬으로 이어지는 왕정시대는 하나님 나라의 원리를 가르치는 중요한 도구요, 계시입니다. 베냐민 지파의 사울은 왕으로 선출되었지만 그에 걸맞은 신앙을 갖지 못했습니다. 그는 아말렉을 진멸해야 했지만 아각, 양, 소, 어린 양의 좋은 것을 남겼습니다(삼상15:9). 사무엘은 사울 왕의 이러한 행동이 하나님께 불순종한 것이므로 그가 왕의 자리에서 쫓겨날 것이라 말합니다. 여기에서 "순종이 제사보다 낫고 듣는 것이 숫양의 기름보다 나으니(삼

---

8) 신명기 17:14~20은 왕의 자격, 왕이 금해야 할 것, 왕이 무엇을 기초로 나라를 다스려야 하는지를 가르칩니다. 그러나 당시 이스라엘 장로들이 왕을 구한 것은 위 말씀에 위배되는 것이었습니다. 그렇기 때문에 사무엘도 기뻐하지 않았고, 하나님께서도 "그들이 너를 버림이 아니요 나를 버려(삼상8:7)"라고 평가하셨던 것입니다.

상15:22)"라는 유명한 말씀이 나옵니다.

사울의 뒤를 이어 다윗이 왕으로 기름 부음을 받았습니다. 하지만 다윗이 곧바로 왕의 자리에 오른 것은 아닙니다. 골리앗을 죽이는 사건(삼상17장)을 통해 다윗이 하나님께서 기름 부으신 진정한 왕임이 분명하게 드러났습니다. 그럼에도 불구하고 다윗은 왕의 자리 대신 광야로 가야했습니다. 그러나 다윗에게 그 광야는 진정한 왕의 권위가 어디로부터 어떻게 주어지는지 가르치는 학교였습니다. 다윗은 하나님의 인도를 기다렸고 결국 왕위에 올랐습니다.[9] 그 후 다윗은 헤브론을 정복하고 사울 집안과의 지루한 싸움을 끝냅니다. 하나님의 인도를 기다린 다윗은 결국 왕위에 오릅니다.

성경은 다윗 왕국을 통해 하나님 나라의 본질과 원리를 여러 측면으로 가르칩니다. 창세기 3:15에서 약속된 '여자의 후손'은 아브라함, 이삭, 야곱, 유다를 거쳐 다윗까지 이르렀습니다. 다윗이 하나님의 집(성전)을 지으려던 때에 하나님께서는 나단 선지자를 통해 약속을 주십니다. 하나님께서는 다윗을 위하여 집을 이룰 것이며, 그의 몸에서 날 자식을 세워 그 나라를 견고케 할 것이라 약속하십니다(삼하7:11~13). 그리고 다윗을 이어 왕위에 오를 그와 부자(父子)

---

9) 다윗이 왕위에 오르기까지의 과정은 현대 그리스도인들에게 시사(示唆)하는 바가 큽니다. 하나님께서 사울을 길보아 전투에서 죽게 하신 사건을 보면서 우리도 하나님께서 모든 일을 처리해 주실 때까지 기다려야 한다고 생각해서는 안 됩니다. 구약 시대에는 하나님께서 직접 역사에 개입하셔서 자신의 뜻을 계시하셨습니다. 물론 지금도 하나님께서는 역사에 직접적으로 개입하실 수 있습니다. 그러나 하나님께서는 보편적으로 성경을 통해 당신의 뜻을 말씀하셨습니다. 그러므로 오늘날 하나님의 뜻은 성경의 원리를 따르는 교회 정치(교회질서) 안에서 찾을 수 있습니다. 예를 들면, 어떤 직분자가 심각한 범죄를 지었습니다. 그 직분자에 대한 징계가 전적으로 하나님의 손에 달려있다고 해서 그 직분자의 범죄를 아는 성도들이 아무 것도 하지 않고 가만히 있는 것은 결코 성경적인 자세라고 할 수 없습니다. 오히려 하나님께서 내신 질서(교회 법)를 따라 당회에 건의하거나 때로는 고소하기도 하는 것이 성경의 원리에 더 부합하는 일입니다.

관계가 될 것을 천명하셨습니다. 우리는 이것을 '다윗언약'이라 부릅니다. 여자의 후손이신 예수님은 바로 다윗의 후손으로 오셨습니다(마1:1).

솔로몬이 다윗의 위를 이어 왕이 되었습니다. 그는 지혜의 왕이었습니다. 그 지혜는 첫 사람 아담에게 주어진 지혜였고, 이후에 하나님의 백성들에게 주어질 지혜였습니다. 실로 하나님의 왕국은 하나님으로부터 오는 지혜로 건설되는 나라입니다. 솔로몬은 하나님의 집인 성전을 건축했습니다. 이 집은 하나님의 왕국의 모델입니다. 성막을 하나님께서 보여주신 대로 지었듯이 성전 역시 그러합니다(대상28:19).

사울, 다윗, 솔로몬에게로 이어지는 이스라엘 왕국에서 일어난 수많은 사건들을 통해 하나님 나라의 비밀이 면면이 드러났습니다. 솔로몬 사후, 나라는 분열됩니다. 북 이스라엘과 남 유다는, 때로는 경쟁하면서 때로는 협력하면서 명맥을 유지했지만 종국에는 둘 모두 멸망의 길을 걸어갔습니다. 북 이스라엘의 초대 왕인 여로보암은 하나님의 왕국 안에 악한 제도를 도입했습니다. 그는 하나님께서 내신 제사장 제도와 절기를 무시했습니다(왕상12:25~33). 이로 말미암아 북 이스라엘 역사에서 속담처럼 등장하는 표현이 있습니다. "여로보암의 길로 행하며(왕상15:34, 16:2 등)." 여로보암의 길로 행한다는 것은 하나님의 왕국의 질서와 법도를 버리고 살았다는 의미입니다.

북 이스라엘의 왕위는 항상 찬탈의 대상이었습니다. 열아홉 명의 왕이 등장했다가 사라졌습니다. 북 왕국의 타락을 가장 극적으로 보여주는 대표적인 사례는 단연 아합입니다. 그는 이방 여인 이

세벨과 혼인하고 그녀의 신앙을 받아들인 자입니다. 수도 사마리아에 바알과 아세라 우상을 만들고 친히 절한 왕이었습니다(왕상 16:31~33). 아합의 가장 큰 악은 하나님의 왕국에서 믿음의 도리를 제거한 것입니다. 이는 여리고 성의 재건을 통해 이루어졌습니다(왕상16:34). 무너진 여리고 성은 하나님의 나라가 오직 믿음으로 주어진다는 것을 가르치는 표였습니다. 여호수아는 하나님의 백성들이 이 도리를 굳게 지킬 것을 가르치기 위해 성(城)의 재건을 금지했었습니다(수6:26).

엘리야의 사역은 무너져가는 왕국의 신앙을 바로 세우는 것이었습니다. 3년 6개월 동안 우로가 없는 것, 엘리야 자신의 이방으로의 떠남, 사르밧 과부의 집에서의 공궤와 이적 행함, 그리고 갈멜산 전투. 이 모든 것이 왕국회복을 바라시는 하나님의 사랑의 표였습니다. 이후, 엘리야 대신에 엘리사가 사역하면서 회개를 외쳤지만 북 왕국은 하나님의 말씀을 버렸습니다. 결국 주전 722년, 북 이스라엘 왕국은 앗수르에 의해 멸망당합니다.

남 유다도 서서히 그 정체성을 상실했습니다. 북 왕국과 동일하게 열아홉 명의 왕이 등장했다가 사라졌습니다. 하지만 북 왕국과 남 왕국의 왕들은 근본적으로 차이가 있습니다. 북 왕국에서는 왕들이 여러 지파에서 등장했지만, 남 왕국에서는 하나님께서 약속하신대로 오로지 다윗 집안에서 왕이 배출되었던 것입니다. 비록 이 사실이 희망적이기는 하지만 남 왕국의 배도와 불순종과 멸망을 가로막지는 못했습니다. 각 왕들의 행적을 일일이 살피지 않더라도, 우리는 성경을 통해 남쪽 왕국도 제사장 나라와 거룩한 백성으로서의 사명과 특권을 온전히 이루지 못했다는 것을 잘 압니다. 결국 주전 586년에 남 유다 왕국은 바벨론에 의해 멸망합니다.

이스라엘 왕국은 사울에서 솔로몬까지 이르는 통일왕국 시대에나 그 이후 분열왕국 시대에도 하나님의 왕국으로서 마땅히 지어야할 책무가 있었습니다. 그들은 하나님께서 주신 율법과 성전을 통해 제사장 나라, 거룩한 백성이 되어야 했습니다. 그러나 그들은 율법의 원리와 성전 중심적인 삶을 변질시키고 타락했습니다. 그들의 정체성은 잊혀질 수밖에 없었습니다. 바로 이러한 배교의 역사 속에서 유일한 구원자, 메시아를 향한 대망은 더욱 강렬해집니다.

많은 선지자들이 남·북 왕국을 향해 멸망을 경고하고 회개하기를 촉구했습니다. 그러나 그들은 큰 열매를 맺을 수 없었습니다. 우리는 열일곱 권의 선지서를 읽으면서 선지자들의 외침과 그들의 사역을 다양하게 접합니다. 그들은 일향(一向) 하늘 백성들의 회복과 회개를 촉구하였습니다. 하지만 그들의 결말은 이방 왕국의 포로였습니다. 그러나 그 비참한 결말 가운데 새 언약의 찬란한 빛이 계시되었습니다.

"나 여호와가 말하노라 이 언약은 내가 그들의 열조의 손을 잡고 애굽 땅에서 인도하여 내던 날에 세운 것과 같지 아니할 것은 내가 그들의 남편이 되었어도 그들이 내 언약을 파하였음이니라 나 여호와가 말하노라 그러나 그 날 후에 내가 이스라엘 집에 세울 언약은 이러하니 곧 내가 나의 법을 그들의 속에 두며 그 마음에 기록하여 나는 그들의 하나님이 되고 그들은 내 백성이 될 것이라 그들이 다시는 각기 이웃과 형제를 가리켜 이르기를 너는 여호와를 알라 하지 아니하리니 이는 작은 자로부터 큰 자까지 다 나를 앎이니라 내가 그들의 죄악을 사하고 다시는 그 죄를 기억지 아니하리라 여호와의 말이니라(렘31:32~34)"

여호와께서는 "내가 나의 법을 그들의 속에 두며 그 마음에 기록하여"라고 하셨습니다. 이는 성령 하나님의 오심에 대한 약속입니다. 돌 판에 새겨진 법에 의해 지배되는 왕국이 아니라 성령 하나님께서 그 백성들 가운데 친히 내주하셔서 다스리시고 깨닫게 하시는 새로운 왕국이 도래할 것을 선언하신 것입니다. 이는 인간 왕국의 한계를 깨닫게 합니다. 그리고 하나님께서는 참 목자이며 다윗 같은 왕의 도래가 있어야 참 하나님의 왕국이 건설될 것도 말씀하셨습니다(겔34:11~15,23,24). 그러나 그 메시아는 고난 받는 종의 모습으로 오실 것입니다.[10]

북 이스라엘의 멸망과 남 유다의 포로생활로 모든 것이 끝나지는 않았습니다. 다윗의 후손들이 다스리는 남 유다는 70년의 포로생활을 마감하고 귀환합니다. 에스라, 느헤미야, 스룹바벨과 같은 이들에 의해 포로회복과 성전재건이 이루어졌습니다. 하지만 옛 영광은 재현되지 않았습니다. 포로기와 포로회복기를 지나면서 여전히 선지자들은 회개와 소망을 선포했습니다. 그러나 그 메시지의 강조점은 회개에서 점차 소망으로 이동합니다. 그 소망은 무엇입니까? 비록 백성들이 하나님의 약속을 버리더라도, 하나님께서는 자신의 약속을 끝까지 기억하시며 지키신다는 소망입니다. 약속에 신실하신 하나님. 이것이 구약성경에서 가장 강력하게 등장하는 하나님의 모

---

10) 이사야 42~53장 사이에 소개된 '고난 받는 종의 노래'는, 메시아가 왕으로만 오시는 것이 아니라 그 백성의 질고를 대신 지고 고난 받는 종으로서 오신다는 것을 계시합니다. 예수님의 고난과 십자가에서의 죽으심은 바로 이 예언의 성취입니다.

습입니다. 신약성경은 바로 이 약속의 하나님이 자신의 약속을 어떻게 성취하시는지를 보여주는 장(場)입니다. 주 예수 그리스도는 이 약속의 실체이시며, 성취자이십니다. 교회는 이 약속의 열매이며 실체입니다.

1. 하나님께서 아담에게 주신 사명은 무엇입니까?

2. 아담은 하나님으로부터 받은 사명을 온전히 이루지 못했습니다. 이 사명을 온전히 이루실 분에 대한 약속이 주어진 구절을 기록해 봅시다.

3. 하나님께서 아브라함에게 주신 세 가지 약속은 무엇이며, 그 의미는 무엇입니까?

4. 하나님께서는 시내 산에서 이스라엘 백성들에게 "너희가 내게 대하여 제사장 나라가 되며 거룩한 백성이 되리라"하셨습니다(출19:6). 이 약속이 이루어지는 두 가지 방편은 무엇입니까?

5. 다윗이 골리앗을 죽인 사건의 의미는 무엇입니까?

6. 하나님께서 다윗에게 주신 약속의 내용은 무엇입니까?(삼하7장 참고)

7. 예레미야 31:31~34을 새 언약이라 합니다. 이 언약의 내용은 무엇입니까?

8. 구약에 나타난 여섯 가지 언약을 정리해 보고, 각각의 언약이 어떻게 연결되는지 정리해 봅시다.

2

교회를 이해하는 열쇠
교회의 본질과 정체성

마태복음 16:13-20 | 에베소서 1:23 | 고린도전서 3:16,17 | 베드로전서 2:9 | 고린도후서 11:2-4 | 디모데전서 3:14-16

2

교회를 이해하는 열쇠

교회의 본질과 정체성

이 장에서는 몇몇 신약 본문을 통해 교회의 의미를 생각하려 합니다. 흔히 교회는 오순절 성령 강림을 통하여 출발했다고 합니다. 물론 그러합니다. 하지만 구약성경을 통하지 않고 신약성경을 이해할 수 없듯이, 교회에 대한 이해도 그렇습니다. 구약성경과 이스라엘 역사는 이미 교회를 배태하고 있습니다. 스데반은 이를 분명히 깨닫고 있었고 그 사실을 자신의 논증에 사용했습니다(행7:38). 그러므로 비록 신약 본문 몇몇을 살피지만 우리는 항상 구약으로 돌아갈 것이며, 그러한 바탕 위에서 교회의 의미를 더욱 분명하게 하려 합니다.

또한 각 본문이 말하는 교회를 파편적으로 이해해서는 안 됩니다. 편의상 각각의 본문을 따로 다루지만 각 본문이 말하고자 하는 바를 통합적으로 이해해야 성경이 말하는 교회를 온전히 이해하게 됩니다. 다음에 제시된 신약성경 본문들은 교회에 대한 기본적인 가르침을 줍니다.[11]

---

11) 로마서에서 요한계시록에 이르는 신약성경은 교회에 주어진 계시입니다. 로마의 교회, 갈라디아 지역의 교회, 에베소의 교회 등등. 신약성경 대부분이 교회에 주신 말씀입니다. 그러니 교회에 대한 가르침이 성경 계시의 많은 분량을 차지하며, 계시의 완결이라는 측면에서도 교회가 갖는 중요성을 충분히 이해할 수 있습니다.

| 마태복음 16:13~20

13 예수께서 가이사랴 빌립보 지방에 이르러 제자들에게 물어 가라사대 사람들이 인자를 누구라 하느냐 14 가로되 더러는 세례 요한, 더러는 엘리야, 어떤 이는 예레미야나 선지자 중의 하나라 하나이다 15 가라사대 너희는 나를 누구라 하느냐 16 시몬 베드로가 대답하여 가로되 주는 그리스도시요 살아 계신 하나님의 아들이시니이다 17 예수께서 대답하여 가라사대 바요나 시몬아 네가 복이 있도다 이를 네게 알게 한 이는 혈육이 아니요 하늘에 계신 내 아버지시니라 18 또 내가 네게 이르노니 너는 베드로라 내가 이 반석 위에 내 교회를 세우리니 음부의 권세가 이기지 못하리라 19 내가 천국 열쇠를 네게 주리니 네가 땅에서 무엇이든지 매면 하늘에서도 매일 것이요 네가 땅에서 무엇이든지 풀면 하늘에서도 풀리라 하시고 20 이에 제자들을 경계하사 자기가 그리스도인 것을 아무에게도 이르지 말라 하시니라

베드로의 신앙고백

가이사랴 빌립보에서 예수님께서는 제자들에게, 사람들이 예수님 자신을 어떻게 이해하는지 제자들은 또 어떠한지 물으셨습니다. 물론 예수님께서는 의도적으로 질문하셨고, 이를 통해 새로운 가르침을 주셨습니다. 바로 이때 그 유명한 신앙고백이 등장합니다. "주는 그리스도시요 살아 계신 하나님의 아들이시니이다." 여기 예수님께 대한 세 가지 호칭(주, 그리스도, 살아계신 하나님의 아들)은 예수님과 신앙고백을 이해하는데 매우 중요합니다. 그리고 이 호칭들의 의미는 교회의 본질을 이해하는 열쇠라 할 수 있습니다.[12]

---

12) 예수님의 호칭에 대한 깊은 연구서로는 게르할더스 보스, 『예수의 자기계시』, 이승구 역 (서울: 엠마오, 1986)를 참고하세요. 이승구, 『사도신경』(서울: SFC, 2009)은 (예수님의 호칭에 대해) 보스의 책에 비해 쉽고 간결하게 정리되어 있습니다.

일반적으로 어떤 대상을 주(κύριος)라고 부르는 것은 경칭(敬稱)입니다(마27:63). 그러나 성경에서는 대부분 예수님께서 곧 여호와시라는 의미를 드러내기 위해 사용되었습니다. 마태복음에만 약 70여 회 등장하는 이 호칭은, 부르는 이들이 의식하든 그렇지 못하든 예수님께서 만왕의 왕이시요 모든 권세와 능력을 가진 분이심을 가르칩니다. 이는 구약의 하나님과 예수님이 동일한 분이라는 사실을 강조합니다.[13] 구약의 여호와 하나님께서는 신약의 주님이십니다. 그러므로 베드로가 고백한 주님께서는 출애굽기 3:14에 소개된 "스스로 있는 자"와 동일한 분이십니다. 스스로 계신 하나님께서는 출애굽기 6:3 이하의 말씀에서 해석된 바와 같이 언약의 하나님이십니다.

태초에 하나님께서는 사람을 통하여 자신의 왕국을 건설하고 싶으셨습니다. 그러나 죄로 말미암아 그 뜻은 일시적으로 중단되었습니다. 여자의 후손을 약속하셨고, 나아가 아브라함에게 나라(민족, 땅, 복)를 약속하셨습니다. 이로써 왕국의 회복을 계시하셨습니다. 출애굽기 3:14을 통해 하나님께서 자신을 계시하신 이유는, 그분의 왕국을 다시 재건하겠다는 강한 의지를 선언하시기 위함이었습니다. 가나안을 향해 출애굽 하는 언약백성들에게 이보다 더 강력한 메시지는 없습니다. 여호와 하나님께서는 시내 산에서 좀 더 진전된 계시를 주셨습니다. 이스라엘은 "내(하나님의) 소유"이며, "제사장 나라"와 "거룩한 백성"입니다(출19:4~6). 율법과 성막제도는 이러한 이스라엘의 정체성을 잘 드러냅니다.

그러나 슬프게도 이스라엘은 이후의 역사에서 하나님의 뜻을 잘

---

13) 이승구, 『사도신경』, 133.

드러내지 못합니다. 언약에 신실하신 여호와 하나님께서는 이스라엘 백성들에게 버림받으셨습니다(사1:4,28). 그런데 실상은, 그 백성이 여호와를 버림이 아니라 여호와께서 그 백성들을 징계하신 것이었습니다(미1:12). 그럼에도 소망이 완전히 사라진 것은 아니었습니다. 말일에 그 백성은 여호와 하나님을 다시 부르며 찾을 것입니다(겔39:25; 욜2:27).

이제 주님이신 예수님께서는 몸소 이 땅에 오셨습니다. 곧, 말일입니다. 그 말일에 베드로는 예수님을 주님이라 고백함으로써 언약에 신실하신 여호와 하나님과 관계를 회복하게 되었습니다. 십자가에서 자기 백성들의 죄를 대신 지시고 자기 왕국의 왕으로 오신 그분을, 하나님은 주와 그리스도가 되게 하셨습니다(행2:36). 베드로가 예수님을 주님이라 불렀던 것은, 중단된 하나님의 왕국 건설이 다시 시작되고 하나님의 왕국이 그분의 왕권에 의해 통치되기 시작했음을 알리는 표입니다. 동시에, 그 나라의 백성으로서 마땅히 그분에게 돌려드려야 할 영광과 경배와 복종을 선언한 것입니다. 예수님은 다윗 같은 왕이십니다(겔34:24). 베드로의 고백은 이와 같은 의미를 담고 있습니다.

이제 그리스도라는 호칭에 대해 생각하겠습니다. 그리스도는 히브리어 '메시아'에 해당하는 헬라어입니다. 곧, '기름 부음을 받은 자'라는 뜻입니다. 이 호칭은 우리에게 매우 익숙합니다. 예수님께서 구약의 기름 부음을 받는 세 직분의 완성자라는 사실 때문입니다. 예수님은 참 왕이요 선지자며 우리의 대제사장이십니다. 그리스도라는 호칭에 대한 이러한 삼직(三職)의 이해는 예수님께서 참 인간이시며, 참 하나님이심과 관련이 있습니다.

첫 사람 아담은 왕과 제사장으로 부름 받았습니다. 하나님께서는 자신의 왕국인 천지를 창조하신 후에 만물을 다스릴 권한을 사람에게 주셨습니다(창1:26~28, 2:15). 이는 사람이 왕적 직분을 받았음을 의미합니다. 동시에 인간은 제사장적 직분도 받았습니다. 창세기 2:15에서 동산을 "지키게 하시고" 하셨습니다. 이는 어떤 세력이 동산을 공격할 수 있음을 전제합니다. 바로 그 공격으로부터 동산을 지키는 사명이 아담에게 주어졌습니다. 이러한 하나님의 집을 지키는 사역이 후에 누구에게 주어집니까? 바로 제사장들입니다. 민수기 3:38에서 아론과 아론의 아들들에게 "외인이 가까이하면 죽일지니라"라고 하셨습니다.[14] 그러므로 아담은 제사장적 직분도 받았습니다. 또한 아담은 선지자적 사역도 이루어야 할 위치에 있었습니다. 선지자는 하나님의 회의에 참여한 자로서 하나님의 입을 대신합니다(렘23:16~22). 아담은 동산에서 하나님과 대면하며 교제할 수 있는 위치에 있었습니다. 그는 동산을 더욱 영화롭게 해야 할 책임을 부여받았습니다. 그러기 위해 아담은 하나님의 입에서 나오는 지혜를 꼭 필요로 했습니다.[15]

---

14) 아담이 동산을 지키는 것과 제사장들이 성막을 지키는 것을 연결시켜 이해하는 것은 두 장소가 하나님의 집이며, 하나님과 그 백성이 함께 거하는 곳이기 때문입니다. 이는 동산이 성막, 성전, 그리고 예수님의 몸과 교회로 이어지는 계시의 연속적 의미를 생각하면 더욱 분명해집니다. 페스코는 다음과 같이 말합니다. "에덴동산은 농장이 아니라 최초의 성전이었고, 여기서 아담은 자신의 제사장적 임무를 수행해야 했다." 존 페스코, 『태초의 첫째 아담에서 종말의 둘째 아담 그리스도까지』, 116.

15) 이 면에서 아담이 선지자적 사역을 얼마나 충실히, 또한 풍성하게 감당하였는지 정확히 알 수 없습니다. 어쩌면 그는 선지자적 직분을 거의 시행하지 못하였을 가능성도 있습니다. 하지만 적어도 아담이 동물의 이름을 짓는 행위를 통해 알 수 있는 사실은 하나님의 지혜가 그에게 분명히 있었다는 것입니다. 물론 이러한 아담의 행위를 왕직의 수행으로 이해할 수도 있습니다. 그럼에도 불구하고 이름 지음이 하나님의 지혜와 지식의 부요

아담은 오실 예수님의 표상입니다(롬5:14). 실패한 아담을 대신하여 예수님은 마지막 아담이 되셔서(고전15:45) 세 직분을 완성하셨습니다. 물론 우리는 구약성경 전체에 등장하는 세 직분이 그리스도를 지향(指向)하며, 예수님 안에서 완성되었음을 압니다. 많은 선지자와 제사장과 왕들은 실패했습니다. 이스라엘 역사는 세 직분에 의해 유지됩니다. 세 직분이 동시에 사역하지만, 좀 더 주도적인 역할을 담당하는 직분이 있습니다. 대체로 왕이 등장하기까지는 제사장들이, 이어 왕들이 그리고 선지자들이 구원역사의 전면에 등장합니다. 그러나 사람 직분자들은 온전한 하나님의 왕국을 이루지 못했습니다. 그리하여 하나님께서는 친히 이 땅에 오셔서 그리스도, 곧 세 직분자의 완성자가 되셨습니다. 우리 주님은 모세와 같은 선지자이시며(신18:18), 멜기세덱의 반차를 좇는 대제사장이 되셔서(히7:17) 단번에 자신을 드림으로 죄를 속량하셨고(히7:27), 다윗과 같은 왕이 되셨습니다(마27:11; 요19:19).

예수님께서 세례요한으로부터 세례를 받으실 때, 하늘로부터 소리가 있었습니다(마3:17). "이는 내 사랑하는 아들이요 내 기뻐하는 자라." 하나님께서는 예수님을 "사랑하는 아들"이라 하셨습니다. 예수님께서는 여호와 하나님을 자주 아버지라 부르셨습니다(요2:16, 5:17, 6:32,44, 8:38 등). 교회는 하나님의 선포와 예수님의 가르침을 따라 예수님을 독생자로 고백했습니다.

를 보여주는 측면에서 선지자직을 수행한 것으로도 볼 수 있습니다. 아담에게 있어서 선지자직에 대한 결정적인 결함이 곧이어 드러납니다. 즉, 여자가 선악을 알게 하는 나무의 열매를 먹고 자신에게 그 열매를 줄 때에 그는 여자를 책망해야 했습니다. 이 면에서 아담은 더 풍성한 선지자직의 수행에 실패한 것으로 이해됩니다.

예수님께서 하나님의 아들 되심은 구약성경과 무관치 않습니다. 구약에서 하나님의 아들들은 신실한 하나님의 백성들을 의미하기도 하고(창6:2; 출4:22; 신14:1), 왕들을 가리키기도 합니다(삼하7:14; 시2:7). 또 어떤 경우에는 천상의 존재들을 일컬어 하나님의 아들들이라 합니다(욥1:6, 2:1, 38:7). 이러한 배경에서 예수님의 아들 됨을 생각해야 합니다. 곧, 우리 주님은 하나님의 모든 자녀들을 대표하고 대신하여 하나님의 아들이 되셨습니다.[16] 그러나 모든 백성들의 대표와 대신으로 아들이 되셨다 하여 그분의 유일하심이 침해되어서는 안 됩니다. 주님은 유일하신 독생자이십니다(요1:14,18, 3:16,18; 히11:17; 요일4:9). 동시에 그분은 하나님과 동등하십니다. 하나님과 예수님은 본질적으로 하나입니다. 이런 의미에서 '하나님의 아들'이라는 말은 '삼위일체적 아들 됨'이라고 할 수 있습니다.[17] 베드로의 신앙고백은 바로 이와 같은 의미를 담고 있습니다.

나아가 베드로는 하나님께 한 가지 더 중요한 수식어를 붙였습니다. 바로 "살아 계신"입니다. 죽은 하나님이 아니라 살아 계신 하나님이라는 고백은 무엇을 의미합니까? 하나님께서 사셨다니요? 우리는 하나님이 죽은 것이 아니라 사셨다는 표현에 담긴 의미를 마태복음 22:23~32에서 이해할 수 있습니다. 부활을 믿지 않는 사두개인들의 질문에 예수님은 분명하게 선언하셨습니다.

---

16) 바로 이러한 문맥에서 예수님의 시험 받으심을 생각해야 합니다. 분명 예수님은 하늘로부터 하나님의 아들이라 인정되셨습니다. 바로 그 때, 사단은 예수님께 세 가지 시험을 하면서 "네가 만일 하나님의 아들이어든"이라 하였습니다(마4:1~11). 그러므로 예수님의 아들 되심은 40년의 광야 여정에서 불순종의 대가를 치른 자녀 이스라엘을 '대신'하여 완전한 순종을 보이심이요, 동시에 자신이 참 하나님이심을 증거하는 것입니다.

17) 이승구, 『사도신경』, 119.

"나는 아브라함의 하나님이요 이삭의 하나님이요 야곱의 하나님이로라 하신 것을 읽어 보지 못하였느냐 하나님은 죽은 자의 하나님이 아니요 산 자의 하나님이시니라 하시니(마22:32)."

족장들을 향하여 죽은 것이 아니라 산 자들이라 하셨습니다. 누가 살았다고 합니까? 족장들, 곧 아브라함, 이삭, 야곱이 살았다고 합니다. 어떻게 예수님께서 오시기 2000년 전에 죽은 아브라함을 살았다고 합니까? 이는 족장들이 부활을 알고 경험했음을 말합니다. 실제로 바울은 로마서 4장에서 이 사실을 분명하게 가르쳤습니다(롬4:17~22). 그러므로 살아 계신 하나님이라는 말씀은 족장들에게 부활을 가르치신, 실제로 경험케 하신 하나님이 아직도 살아계셔서 그분의 약속을 이루신다는 뜻입니다. 그러므로 '살아계신 하나님의 아들'이라는 베드로의 고백은 자기 백성들의 역사에 개입하셔서 언약을 주시고, 그 언약을 신실하게 이루시며, 그 아들 독생자를 통하여 언약이 완성될 것에 대한 선포입니다.

베드로의 이러한 신앙고백은 아래로부터 온 것이 아닙니다. 이는 위로부터 온 선물입니다. 그러므로 우리는 자랑할 것이 전혀 없습니다. 이는 교회가 공로(功勞)사상을 철저히 배제하는 근거입니다. 주님께서는 분명 "이를 네게 알게 한 이는 혈육이 아니요 하늘에 계신 내 아버지시니라(마16:17)" 하셨습니다. 교회 안에서 이루어지는 모든 신앙적 활동에 있어서 찬송과 영광이 오직 주님께만 있어야 합니다. 아무도 자신의 공적을 자랑할 수 없습니다. 만약 어떤 이가 자신의 공적을 자랑한다면 그는 신령한 하늘의 복을 자기의 것으로 대체하는 악한 무리에 속하게 됩니다.

반석 위에 세운 교회

베드로의 신앙고백을 들으신 예수님께서는 그의 이름을 언급하면서 "내가 이 반석 위에 내 교회를 세우리니 음부의 권세가 이기지 못하리라(마16:18)"라고 하셨습니다. 예수님께서는 베드로라는 이름과 반석을 의도적으로 연결시키고 있습니다. 그리스식 이름 베드로는 '반석'이라는 뜻입니다. 우리는 반석을 고백자 베드로로 이해합니다.[18] 이는 베드로 개인을 말하는 것이 아니라 사도로서의 베드로라고 이해한다는 것입니다. 그러므로 베드로의 권위가 사람에게 계속해서 이어진다는 로마 가톨릭의 견해를 받아들이지 않습니다. 우리는 여기서 하늘 문에 서 있는 성(聖) 베드로를 생각할 것이 아니라 강단에 서 있는 베드로를 생각해야 합니다.[19] 교회는 베드로가 고백한 신앙고백 위에 세워집니다. 고백자 베드로가 사도임을 기억합시다. 교회는 "사도들과 선지자들의 터 위에 세우심을 입은(엡2:20)" 공동체입니다. 사도들과 선지자들은 고백자들의 대표이며 일시적인 직분자들입니다. 예수님은 산상수훈 말미에서 하나님의 나라를 반석 위에 세울 것을 가르쳤습니다(마7:24~27). 주님의 말씀을 듣고 행하는 사람, 지혜로운 사람은 반석 위에 집을 짓습니다. 이들은 바로 사도들입니다.

예수님께서는 사도인 베드로와 그 고백 위에 "내 교회"를 세우겠다고 하셨습니다. 예수님께서 주인 되시는 교회. 사람의 생각과 경

---

18) 도널드 거스리, 『교회 성경 - 신약신학 4권』, 이중수 역 (서울: 성서유니온선교회, 1987), 30.

19) 코넬리스 반더발, 『반더발 성경연구 3권』, 명종남 역 (경기: 비전북, 2006), 83.

험으로 유지되는 것이 아니라 오직 진리를 따라 세워지는 교회. 바로 그런 교회는 음부의 권세가 어찌할 수 없습니다.

여기 "음부의 권세(πύλαι ᾅδου)"는 문자적으로 '음부(지옥 혹은 무덤)의 문'입니다.[20] 이는 사단이 첫 사람 아담을 꾀어 죄로 말미암아 죽음의 권세 아래 모든 인류를 가둔 것에 대한 승리의 선언입니다.

하나님께서 아브라함의 아들 이삭 대신 숫양을 제물로 받으신 후 선포하신 말씀이 있습니다. "내가 네게 큰 복을 주고 네 씨로 크게 성하여 하늘의 별과 같고 바닷가의 모래와 같게 하리니 네 씨가 그 대적의 문을 얻으리라(창22:17)." 대적의 문을 얻는다는 것은 승리의 다른 표현입니다. 원수에 대한 승리입니다. 아담으로 말미암아 들어온 사단의 권세, 죄의 권세를 해결하는 새로운 시대의 출현을 선포합니다. 여기 아브라함의 씨는 누구입니까? 아브라함의 씨는 예수님이십니다(갈3:16). 아브라함을 통하여 왕국이 세워질 것이라는 하나님의 약속이 이제 예수님의 선언을 통하여 성취되었습니다.

사실, 구약성경에서 '문'이라는 표상은 단순히 사람들이 드나드는 통로만으로 사용되지 않습니다. 문은 이스라엘 백성들의 역사에서 재판정이었습니다. 모세가 율법을 받는 동안 이스라엘 백성들이 아론을 중심으로 금송아지를 만들어 우상숭배 했습니다. 그때 모세가 죄를 범한 백성들을 어디에서 판결합니까? 바로 문입니다(출32:26). 아론의 아들들로 제사장을 삼을 때도 회막문 앞에서 모든 의식이 진행됩니다(레8장). 이스라엘 백성 중에 누구든지 우상을 섬기고 그에게 제사하면 반드시 죽여야 합니다. 그때도 그들은 어디에서 판

---

20) 권세라는 표현이 문으로 사용된 신약성경의 예는 다음과 같습니다. 마16:18, 눅7:12, 행3:10, 9:24, 12:10, 16:13, 히13:12.

결을 받고 죽습니까? 바로 성문입니다(신17:2~5).[21] 이렇듯 문은 판결의 장소입니다. 그러므로 예수님께서 음부의 권세가 교회를 이길 수 없다고 선언한 것은 완벽한 승리의 선포입니다. 교회는 "사망아 너의 이기는 것이 어디 있느냐 사망아 너의 쏘는 것이 어디 있느냐(고전15:55)" 외치며 구속의 즐거움을 만끽하여 유쾌하게 되는 곳입니다(행3:19).

천국의 열쇠를 소유한 교회

예수님께서는 베드로에게 천국의 열쇠를 주겠다고 하셨습니다. 우리가 위에서 살핀바 "이 반석"을 베드로 개인의 고백이 아니라 사도로서의 고백으로 이해했듯이 천국의 열쇠가 주어지는 대상도 동일하게 이해합니다. 사도들의 대표자인 베드로에게, 열쇠가 주어졌습니다. 궁극적으로 이 열쇠는 교회가 갖습니다. 그렇다고 해서 교회를 그리스도와 떼어 생각할 수 없습니다. 즉, 교회는 그 자체로서가 아니라 그리스도를 머리로 하는 혹은 그리스도와 연합된 교회로서 천국의 열쇠를 소유합니다.

우리는 여기에서 하나님 나라와 교회의 관계를 어느 정도 엿볼 수 있습니다. 간단히 말해, 교회는 천국 백성들을 부르는 기관입니다. 동시에 교회는 하나님 나라를 증시(혹은 현현(顯現)) 해야 합니다.

---

21) 문이 재판과 관련된 또 다른 예를 유월절 규례에서도 찾을 수 있습니다. 어린양의 피를 문에 발라 죽음을 면케 한 것은 그곳이 바로 판결 장소이기 때문입니다(출12:22). 또한 자유인으로 선언된 종이 계속해서 주인의 집에 있기를 원할 때에도 집 문에서 귀를 뚫습니다(출21:6). 이 역시 문이 판결 장소이기 때문입니다. 야고보서 5:9은 이를 더욱 분명하게 합니다. "형제들아 서로 원망하지 말라 그리하여야 심판을 면하리라 보라 심판자가 문 밖에 서 계시니라." 심판자가 문 밖에 서 계신다고 했습니다. 계시록 3장에서 라오디게아 교회에게 주신 말씀에서, 예수님께서 문 밖에 서 계신 장면은 일종의 초대라기보다 판결의 의미가 더 강함을 알 수 있습니다.

마치 구약의 이스라엘 백성이 율법과 성막(성전)을 통하여 하늘 왕국의 모습을 땅 위에 아로새겨야 하듯이 말입니다.

이제 천국 열쇠에 대한 의미를 좀 더 자세히 살펴봅시다. 예수님께서 말씀하신 마태복음 16:19은 이사야 22:22의 인용입니다. 이사야 본문은 히스기야가 왕으로 있을 때에 하나님께서 이사야를 통하여 주신 말씀입니다. 국고(國庫)를 맡은 셉나를 대신하여 엘리아김이 다윗 집의 열쇠를 맡는다는 내용입니다.[22] "그가 열면 닫을 자가 없겠고 닫으면 열 자가 없으리라"라는 말씀에서 알 수 있듯이 열쇠는 모든 권한을 갖고 있다는 뜻입니다. 셉나를 대신한 엘리아김에게 권한이 이양되는 것처럼 옛 언약백성에게서 새 언약백성의 터요 대표자인 베드로에게로 열쇠가 주어지는 것은 새로운 구속역사의 진전을 깨닫게 합니다. 예수님께서 부르신 열두 제자들은 이스라엘 열두 지파를 심판하는 권위를 받았습니다(마19:28). 동시에 새로운 백성의 출현을 더욱 선명하게 합니다. 옛 언약백성을 대체하는 새 언약백성입니다. 천국 열쇠에 대한 약속은 "내 교회"에 대한 선언과 함께 새로운 하나님의 백성들의 출현을 강조합니다.

이 말씀을 마태복음 18장의 매고 푸는 것과 연결하면, 이 말씀이 권징에 대한 가르침임을 알 수 있습니다. 15절 이하에서 소개하듯이 형제가 죄를 범했을 경우 개인적으로 권면하고, 이어 두세 사람의 증인을 대동하여 권고하고, 그래도 듣지 않으면 교회의 이름으로 권해야 합니다. 교회의 권고도 듣지 않으면 그를 이방인과 세리처럼 여

---

22) 셉나 대신에 엘리아김에게로 국고가 넘어간 것은 셉나가 친 애굽정책의 핵심적인 위치에 있었기 때문으로 이해됩니다. 하나님의 왕국은 국제정세의 변화에 따라 이리저리 의지할 대상을 찾는 국가가 아닙니다. 실제로 이사야 36~39장을 통해 알 수 있듯이 하나님의 왕국은 그분을 의지함으로 유지되고 견고해집니다.

겨야 합니다(마18:17). 성경은 그런 후에 매고 풂을 말합니다. 그러므로 천국 열쇠는 누가 하나님 나라의 백성인지를 결정하는 판결권을 의미합니다. 동시에 이 말씀을 요한복음 20:23과 연결하면, 죄를 사하는 것과 그대로 두는 권세를 의미합니다. 이는 마태복음 18장과 크게 다르지 않습니다. 물론 강조점의 차이는 있지만, 본질상 동일한 의미를 갖습니다.

교회는 어떻게 세워지고 유지되는가

교회는 예수님께 대한 바른 신앙고백 위에 세워져야 합니다. 신앙고백이 희미한 상태에서 교회가 세워지면 모래 위에 세운 집과 같게 됩니다. 비가 오고 홍수가 나면 무너지기 마련입니다. 그러므로 세례를 엄격하고 신중하게 행함으로써 교회는 성도의 신앙을 공적으로 확인해야 합니다. 나이가 되었으니 적당히 세례교육을 받고 앵무새처럼 세례문답에 나오는 내용을 외워서 답변하는 것은 교회의 기초를 부실하게 만듭니다. 교회에 출석한 지 6개월이 되었으니 이제 학습을 받고 세례를 받아야 한다고 주장하는 것도 마찬가지입니다. 물론, 어떤 이들은 교회 출석 기간이 짧더라도 진실한 신앙을 고백할 수 있습니다. 하지만 기본적인 신앙훈련이 되어 있지 않은 상태에서 세례를 베푸는 것은 그 가치를 알지 못하면서 좋은 것을 누리게 하는 꼴입니다. 심지어 군대에서 그저 몇 번 신앙훈련을 하고 집단으로 세례를 주는 것을 무슨 자랑처럼 여기는 것은 복음을 속화시키는 지름길입니다.[23]

---

23) 여기에서 오해하지 말아야 할 것이 있습니다. 즉, 군대에서 베푸는 세례 자체를 부정할 수는 없습니다. 어떤 청년이 군에서 복음을 듣고, 바른 신앙을 고백하여 세례를 받을 수 있습니다. 필자가 지적한 것은 개인적인 세례 받음을 말하는 것이 아니라 흔히 알려진

교회의 구성원이 되는 것은 어떤 명예를 얻는 것이 아닙니다. 그는 교회의 결정에 직간접적으로 참여해야 합니다. 특별히 교회는 직분자를 선택하는 권한을 아무에게나 주지 않습니다. 세례를 받은 성도들에게만 그 권한을 줍니다. 그런데 누구를 직분자로 선택해야 하는지에 대한 분별력이 없는 사람이 그 일을 어떻게 감당하겠습니까?

매 주일마다 드리는 예배를 생각해봅시다. 예배가 무엇인지도 모르면서 어떻게 예배에 참여하고 찬송을 부르며 기도하겠습니까? 물론 바른 신앙고백을 갖는다는 것이 신앙의 모든 것을 다 알아야 한다는 것을 의미하지 않습니다. 그럴 수는 없습니다. 그러나 적어도 바른 신앙을 고백하려면, 즉 세례를 받을 자격을 얻으려면 기본적인 신앙의 도리를 어느 정도는 이해하고 있어야 합니다. 세례가 무엇인지, 교회가 어떤 공동체인지, 직분은 무엇이며, 성찬에 참여한다는 것은 무엇을 의미하는지 등등.[24]

교회는 하늘로부터 난 부름에 기초합니다. 베드로의 고백은 혈육에 의한 것이 아니라 하늘의 하나님으로부터입니다(마16:17). 그러니 성도가 되는 것은 자신의 공로가 아닙니다. 안타깝게도 그리스도인들 중에 종종 자기 공로를 앞세우거나 교회가 이를 조장하는 경우가 있습니다. 교회가 성도를 권속으로 받는 것은 큰 은혜입

바대로 논산훈련소에서 집단적으로 세례를 받는 것을 의미합니다.

24) 필자가 목회하는 교회는 세례를 엄격하게 베풉니다. 물론 이것은 절대적 기준일 수 없습니다. 하나의 참고자료로 생각하면 좋겠습니다. 우리는 세례 받을 자들에게 칼빈 선생의 『기독교 강요』 제 4권인 교회론의 상당부분을 가르칩니다. 거의 매 주일 한두 시간씩 공부하며, 약 1년의 시간이 소요됩니다. 사도행전 8장에 등장하는 에티오피아 여왕의 국고를 맡은 이가 빌립에게서 복음을 듣고 깨달은 즉시 세례를 받은 사건을 우리 현실에 그대로 적용해서는 안 됩니다. 내시가 복음의 비밀을 깨달을 때엔 이미 상당히 깊은 구약 지식을 지니고 있었음을 기억해야 합니다(행8:32).

니다. 하지만 일부 성도들 중에는 자신이 그 교회를 출석하는 것이 무슨 그 교회에 큰 보탬이 되고 이익이 된다고 착각합니다. 부르심이 하늘로부터 비롯된다는 사실을 깊이 깨닫는다면 결코 자랑할 수 없습니다. 그저 교회의 회원이 되었다는 것만으로도 감사와 찬송이 나옵니다. 그러니 교회에서 자기의 생각을 관철시키거나 자기의 어떤 것을 자랑하는 것은 아직도 구원의 복음에 대한 온전한 이해가 없다는 증거입니다.

교회는 음부의 권세를 능히 이기는 비밀을 가졌습니다. 음부의 권세는 사망입니다. 사망은 죄의 삯입니다(롬6:23). 교회는 끊임없이 죄 용서의 복음을 선포해야 합니다. 이로써 음부의 권세를 물리쳐야 합니다. 강단이 정치나 문화, 윤리, 심지어 심리치료를 하는 곳이 되어서는 안 됩니다. 더 나아가 강단이 유명 인사들의 강연장이 되어서는 더더욱 안 됩니다. 복음을 전한다는 미명하에 유명 연예인이나 연사를 초청하여 강단에 세우는 것은 마치 전문가들이 비전문가들에게 자리를 맡기는 것과 같습니다. 외과수술에 정통한 의사를 두고 이제 갓 의대에 입학한 학생에게 메스를 주는 경우는 없습니다.

천국 열쇠를 소유한 교회는 그 권한을 정당하고 바르게 사용해야 합니다. 바른 복음을 선언하여 죄 사함의 은혜를 깨닫게 해야 합니다. 복음전파는 천국의 문을 열고 닫는 열쇠입니다. 그러므로 바르고 지속적인 복음전파야말로 가장 중요한 교회의 사명입니다. 동시에 천국 열쇠는 권징사역을 통해 더 구체화됩니다. 형제가 하나님의 말씀을 따라 살지 않는 것을 보면서 아무런 권면을 하지 않는 것은 교회됨을 포기하는 행위입니다. 교회는 칼빈 선생의 말씀처럼 우리의 어머니여야 합니다.[25] 새로운 생명을 잉태하여 출산하는 것에서부터 아이가 잘 장성하는 데까지 가르치고 지키며 훈육해야 합니다.

| 에베소서 1:23 [26]

> 23 교회는 그의 몸이니 만물 안에서 만물을 충만케 하시는 자의 충만이니라

그리스도의 몸인 교회

에베소서 1:22,23은 교회에 대해서 다음과 같이 가르칩니다. "또 만물을 그 발 아래 복종하게 하시고 그를 만물 위에 교회의 머리로 주셨느니라 교회는 그의 몸이니 만물 안에서 만물을 충만케 하시는 자의 충만이니라."

주님은 교회의 머리이시며 교회는 그의 몸입니다. 에베소서 1:22에서 예수님을 "교회의 머리"라고 했습니다. 이는 주님의 통치 문맥에서 나온 말씀입니다. 에베소서 1장은 하나님의 주권적인 선택이 교회의 기초이며, 때가 차매 그 일을 이루기 위해 친히 예수님께서 이 땅에 오셨고, 이제 그 분이 모든 만물 위에 계셔서 왕이 되셨음을 선언합니다. 짧은 선언에 긴 역사가 담겨있습니다.

---

25) 존 칼빈, 『기독교 강요』, 4.1.
26) 로마서 12장, 고린도전서 12장을 참고하세요.

첫 사람 아담을 창조하시고 그를 대리 왕으로 세우신 하나님께서는 자신의 뜻에 따라 자기 왕국을 건설하셨습니다. 그러나 죄로 말미암아 그 왕국은 잠시 유보되었고, 이스라엘의 역사를 통하여 그 왕국의 영광스러움과 하나님의 온전하신 뜻을 보여주셨습니다. 사울 왕의 통치로 시작된 왕국은 솔로몬 사후 분열되었으며, 이후 하나님의 징계로 멸망의 길을 가게 되었습니다. 선지자들은 회개를 촉구하며 언약백성들에게 하나님의 왕국의 본질을 회복할 것을 호소했지만, 메아리 없는 소리로 끝났습니다. 말라기 선지자를 마지막으로 하나님께서는 침묵하셨습니다. 예수님께서 오시기 전 약 400년은 하나님의 계시가 중단된 어둠의 시기였습니다. 이제 예수님께서 이 땅에 오셔서 사라져간 꿈을 회복하겠다고 하셨습니다. 하나님의 왕국이 임할 것이며(마4:17), 임하였다고 가르쳤습니다(마 12:28).

3년간 예수님의 가르침은 가히 충격적이었습니다. 대부분의 유대인들은 예수님을 거부했습니다. 특히, 유대 지도자들은 예수님을 참람죄로 고소하여 빌라도로 하여금 십자가형을 선언케 했습니다. 그러나 예수님께서는 3일 만에 부활하셨고, 죽음의 권세를 꺾으셨습니다. 하나님께서는 예수님을 주와 그리스도가 되게 하셨습니다. 바로 그 사역 위에 옛 언약백성을 대신할 새로운 백성을 부르셨습니다. 사도들과 선지자들의 터 위에 새로운 언약백성이 출현했습니다. 바로 교회입니다. 그 교회 중 한 교회인 에베소 교회에게 다음과 같이 선언하셨습니다.

"모든 정사와 권세와 능력과 주관하는 자와 이 세상뿐 아니라 오는 세상에 일컫는 모든 이름 위에 뛰어나게 하시고 또 만물을 그 발

아래 복종하게 하시고 그를 만물 위에 교회의 머리로 주셨느니라."

하늘과 땅의 모든 권세를 얻으신 예수님께서는 왕권을 회복하셨고 교회의 머리가 되셨습니다. 예수님의 교회의 머리 되심은 만물 위에 계신 그분의 왕권에 기초합니다. 바로 이러한 가르침에 근거하여 교회가 그의 몸이라는 말씀을 이해해야 합니다. 이는 교회가 예수님의 왕권 아래 있음을 의미하며 동시에 그 왕권에 함께 참예한 자들임을 가르칩니다. 그러므로 피로 사신 교회를 향하여 "저희로 우리 하나님 앞에서 나라와 제사장을 삼으셨으니 저희가 땅에서 왕 노릇하리로다(계5:10)"라고 선언할 수 있는 것입니다. 교회는 예수님과 더불어 하늘에 앉은 자들입니다(엡2:6).

높아지신 그리스도와 더불어 왕 같은 제사장이 된 교회는 동시에 그분을 머리로 모시고 있습니다. 한편으로는 왕이지만 다른 한편으로는 더 높은 왕권에 복종해야 할 위치에 있습니다. 이는 마치 첫 사람 아담이 왕으로 인정되었지만 완전한 왕이신 하나님께 복종하는 존재였던 것과 같은 이치입니다. 이스라엘이 제사장 나라로서 열국에 대한 왕적 통치권을 갖고 있었지만, 그 역시 하나님의 왕권 아래 복종해야 했습니다. 교회 역시 이와 같습니다. 그러나 교회는 아담도 이스라엘도 아닙니다. 교회는 여자의 후손인 메시아를 바라보고 소망하는 공동체가 아니라 이미 메시아와 연합한 공동체입니다.

그리스도의 몸인 교회는 그분의 왕권 아래 있어야 합니다. 누구도 그 왕권에서 예외일 수 없습니다. 목사도 장로도 집사도, 교회의 구성원 중 어느 누구도 그 왕권 아래에서는 차별이 없습니다. 오직 직분적 봉사만 있을 따름입니다.[27]

---

27) 허순길, 『개혁해 가는 교회』 (서울: 총회 출판국, 1998), 14~16.

직분과 그리스도의 몸 됨

바울서신에서 교회를 설명하는 가장 대표적인 표상은 그리스도의 몸입니다. 특히 로마서 12장과 고린도전서 12장은 그리스도의 몸으로서의 교회를 설명하는 백미입니다. 두 본문은 비슷한 가르침을 주지만 그 강조점에 있어서 차이도 있습니다. 로마서 12장은 교회가 한 몸이지만 여러 직분을 가졌다고 합니다. "우리가 한 몸에 많은 지체를 가졌으나 모든 지체가 같은 직분을 가진 것이 아니니(롬 12:4)."

많은 사람으로 구성된 교회에서는 성도 각각의 은사를 따라 합당한 직분이 나뉩니다. 교회는 여러 은사가 조화롭게 어우러지는 곳입니다. 그리스도의 몸인 교회는 지체들의 섬김을 통해 자랍니다. 여기에 교회의 큰 본질적 특징 한 가지가 있습니다. 교회를 그리스도의 몸이라 할 때, 교회는 다양한 직분 공동체라는 사실입니다. 교회는 다양한 은사가 있으며 그 은사를 따라 세워집니다. 물론 은사는 직분과 깊은 관련을 맺습니다. 그래서 직분은 성도를 온전케 하며 봉사의 일을 하게 하며 그리스도의 몸 된 교회를 세우게 하는 목적이 있습니다(엡4:12).

고린도전서 12장은 조금 다른 측면에서 그리스도의 몸 됨을 말합니다. 여러 은사가 있지만 결국 이 모든 것이 한 분 하나님과 주님과 성령님에 의해 주어졌다는 사실을 강조합니다(고전12:4~6). 그러면서 한 몸에 많은 지체가 있지만(12절) 모든 사람이 하나라는 것입니다(13절). 하나라는 것은 유대인, 헬라인, 종, 자유자가 모두 한 몸임을 강조합니다. 이는 교회가 인종과 신분의 차이를 넘어선 공동체임을 가르칩니다.

이 가르침은 하나님의 구원역사에 큰 진보가 있음을 의미합니다. 유대인을 중심으로 진행된 하나님의 구원역사가 전 인류에게로 확대되었고, 이제 교회를 중심으로 구원역사가 진행됨을 선포한 것입니다. 구약 이스라엘 백성들에게서 간헐적으로 나타난 이방인의 구원의 문이 이제 완전히 열렸습니다.

또한, 고린도전서 12장은 각 지체가 유기적으로 연결되었음을 강조합니다. "몸 가운데서 분쟁이 없고 오직 여러 지체가 서로 같이하여 돌아보게 하셨으니 만일 한 지체가 고통을 받으면 모든 지체도 함께 고통을 받고 한 지체가 영광을 얻으면 모든 지체도 함께 즐거워하나니(고전12:25,26)." 한 성도가 고통을 받으면 모든 성도가 함께 고통을 받는 교회의 유기적 본질이야말로 아무리 강조해도 지나치지 않습니다.

정리하면, 로마서 12장과 고린도전서 12장은 교회를 그리스도의 몸이라 합니다. 교회가 각각의 은사를 따라 이루어진 공동체이며, 동시에 한 몸입니다. 교회는 한 몸이기에 지체들의 아픔과 영광에 함께 참예해야 합니다. 이러한 실증(實證)이 없는 교회는 사람의 눈에 아무리 좋아보여도 성경의 가르침을 좇지 않는 교회입니다.

그리스도의 몸인 교회는 이 땅에 어떻게 존재해야 하는가

예수님께서 만물에 대한 통치권을 가지셨듯이 교회도 그러합니다. 그러므로 교회는 왕 노릇 해야 합니다. 이미 왕인 교회가 세속 권력을 추구하는 일은 지극히 비정상적입니다. 세속 정부의 권위를 통해 어떠한 이익을 누리려고 하는 행위는 교회가 소유한 왕적 통치권을 가벼이 여기는 처사입니다. 교회는 하늘로부터 오는 권위에 복종합니다. 물론, 교회는 세속 정부를 인정합니다. 모든 권위가 하늘로부터 온다는 신앙 때문에 교회는 세속 정부에 복종합니다. 그러나 만약 세속 정부가 하나님의 말씀을 버릴 것을 요구한다면, 교회는 이를 단호히 거부해야 합니다.

교회는 하늘에 속했습니다. 그러므로 하늘에 속한 백성다움을 드러내야 합니다. 교회가 하늘에 속했다는 것은 세상의 가치관과 다른 가치관을 가졌다는 의미입니다. 땅 위의 사람들이 먹고 마시고 시집가고 장가가는 일에 관심을 갖고 살아간다면, 하늘의 사람들은 하나님 나라와 그분의 영광이 온 땅에 충만하기를 소망하며 살아갑니다. 교회는 성경적 세계관을 따라 살아가는 공동체입니다.

교회 안에는 다양한 직분의 봉사가 있습니다. 직분에는 높고 낮음이 없습니다. '서리집사에서 장립집사로 그리고 장로로'라는 식의 계급의 상승이란 당치 않는 것입니다. 누군가 교회를 계급구조로 이해한다면 그는 그리스도의 교회를 능욕하는 자입니다. 장로로 섬기다가 때로는 집사로 섬길 수도 있어야 합니다. 직분은 오직 기능의 차이입니다. 목사가 해야 할 일과 장로가 해야 할 일과 집사가 해야 할 일을 혼동하면 안 됩니다. 개혁신학을 따르는 교회는 교회의 직분을 장로(가르치는 장로인 목사와 다스리는 장로)와 집사로 구분할 따름입니다. 목사는 말씀을 잘 가르치기 위해 온 정성을 쏟아야 하며, 장로는 목사가 전한 말씀대로 성도들의 삶을 치리해야 합니다. 집사는 물질적으로나 정신적으로 연약한 성도들을 돌아보아야 합니다. 목사가 교회의 재정을 감독하는 것은 맞지만 제직회의 결정 없이 함부로 재정을 지출할 수 없습니다. 장로가 목사의 가르침과 반대되는 삶을 성도들에게 요구할 수 없습니다.

교회에는 신분과 인종의 차별이 없습니다. 오직 한 가족입니다. 예수님의 모친과 동생들이 예수님을 찾아왔을 때 무엇이라 하셨습니까? 누가 내 모친이며 동생들이냐고 반문하시면서 둘러앉은 자들을 보시며 "내 모친과 내 동생들을 보라" 하셨습니다. 그러면서 "하나님의 뜻대로 하는 자는 내 형제요 자매요 모친"이라 하셨습니다 (막3:33~35). 교회는 하나님의 새로운 가족입니다. 사회적 신분이 어떠하든지 어떤 학벌과 직업을 가졌든지 어느 지역 출신이든지 교회 안에서는 문제가 되지 않습니다. 종과 자유자가 한 상에 앉아 먹고 마실 수 있어야 합니다. 교회에서는 이러한 하나 됨을 방해하는 어떠한 행위도 용납되지 않습니다. 부자와 가난한 자가 많이 배운 자와 그렇지 못한 자가 모두 한 가족입니다.

한 교회의 구성원들이 한 가족처럼 산다는 것을 생각할 때, 우리는 교회의 양적 규모에 대한 새로운 시각을 갖습니다. 한 지역교회 성도들의 숫자가 서로 살필 수 없을 정도의 규모가 되는 것을 미연에 방지해야 합니다. 성도들의 숫자가 천 명 혹은 이천 명을 넘어서는 것을 자랑하는 어리석음을 범하지 말아야 합니다. 교회는 유기적 공동체이기에 한 사람의 고통을 온몸이 공유해야 합니다. 주일 아침에 주차 문제로 어떤 사람과 심하게 다투고 예배를 드렸는데, 예배당 문 앞에서 다툰 이를 만났다는 일화는 바로 우리의 자화상입니다. 우리 강한 자가 마땅히 연약한 자의 약점을 담당하는 그런 교회여야 합니다(롬15:1). 목사의 약점을 장로가 담당하고, 장로의 약점을 집사가 담당하며, 집사의 약점을 성도들이 담당하는 그런 교회여야 합니다.

| 고린도전서 3:16,17

> 16 너희가 하나님의 성전인 것과 하나님의 성령이 너희 안에 거하시는 것을 알지 못하느뇨 17 누구든지 하나님의 성전을 더 럽히면 하나님이 그 사람을 멸하시리라 하나님의 성전은 거룩 하니 너희도 그러하니라

하나님의 성전과 교회 [28]

신약성경에서 교회는 하나님의 성전으로 소개되었습니다(고전 3:16,17; 고후6:16; 엡2:21). 교회의 성전 개념은 오늘날 한국 교회 성도들에게 상당한 오해를 불러일으키고 있습니다. 예배당을 건축한 뒤에 봉헌식을 하면서 '성전 봉헌식'이라 합니다. 이는 예배당과 솔로몬 시대에 건축된 성전을 동일한 의미로 이해한 결과입니다. 사실 이 땅에 거룩한 공간은 더 이상 없습니다. 우리의 예배당이 결코 성전이 될 수 없습니다.

구약의 성전은 성막에서부터 출발합니다. 출애굽기 25~40장은 성막이 어떻게 만들어지며 어떻게 유지되는지 잘 보여줍니다. 성막 건축에서 가장 중요한 사실은 하나님께서 보여주신 대로 지어졌다는 점입니다. 모세나 이스라엘 백성이 자신들의 경험이나 기술로 만든 집이 아닙니다. "내가 네게 보이는 대로(출25:9)"라는 말씀처럼 설계도가 하나님으로부터 왔습니다. 이는 솔로몬 성전도 마찬가지입니다(대상28:19). 성막과 성전은 하나님의 뜻과 하나님 나라의 도리가 온전히 드러나는 공간입니다. 이는 아담이 잃어버린 동산과 같은

---

28) 구약의 성전과 교회에 대한 더 깊은 연구를 원하는 분들은 그레고리 K. 비일, 『성전신학』, 강성열 역 (서울: 새물결플러스, 2014)을 참고하세요.

곳입니다. 그러므로 교회도 하나님께서 보여주시는 대로 건설되어야 합니다.

성막은 하나님이 그 백성과 함께 거하는 곳입니다(출25:8). 성막이 완성되었을 때, 여호와의 영광이 충만했습니다(출40:34). 이는 하나님의 임재의 표입니다. 그래서 요한은 "말씀이 육신이 되어 우리 가운데 거하시매"라고 했습니다(요1:14). 여기 "거하시매"라는 말씀은 바로 '성막을 치셨다'는 뜻입니다. 성막은 하나님의 임재를 나타냅니다.

성막에서 행해지는 가장 중요한 것은 무엇입니까? 그곳에서는 날마다 제사가 드려집니다. 짐승의 피가 뿌려져 죄 사함이 선포됩니다. 이를 히브리서 9:13은 이렇게 표현합니다. "염소와 황소의 피와 및 암송아지의 재로 부정한 자에게 뿌려 그 육체를 정결케 하여 거룩케 하거든." 짐승의 피가 그 육체를 정결케 하여 거룩케 한다고 했습니다. 성막과 성전의 가장 기본적인 기능은 죄 문제를 해결하는 것입니다.

물론, 우리는 성막과 성전에 있는 다양한 기구들과 방의 기능이 무엇을 의미하는지 세세히 살펴서 알아야 합니다. 성막의 뜰에는 제단과 물두멍이 있습니다. 제단에서 짐승의 고기를 태우기 위한 각종 기구들이 있습니다. 성소와 지성소 안에도 여러 기구가 있습니다. 떡 상과 금 촛대, 향단이 있고 천사들이 수놓아져 있는 휘장이 있으며 언약궤가 있습니다. 솔로몬 성전은 성막과는 몇 가지 다른 구조로 되어 있습니다. 성막에는 없었던 큰 기둥 두 개(보아스와 야긴)가 있습니다. 물두멍은 열 개나 됩니다. 그 외에도 낭실과 다락이 있습니다. 이 모든 것들은 각각의 의미가 있습니다. 이것들은 모두 하늘에 있는 것의 모형이요 그림자입니다(히8:5).

예수님께서 이 땅에 오셨습니다. 그리고 성전으로 가셨습니다. 그러나 사람들은 예수님의 성전 방문이 갖는 의미를 이해하지 못했습니다. 예수님께서 어린 시절 성전에 계시면서 여러 사람들에게 하신 말씀을 봅시다. "내가 내 아버지 집에 있어야 될 줄을(눅2:49)." 예수님께서는 성전을 자기 아버지 집이라 했습니다. 그리하여 예수님께서 공적 사역을 시작하셨을 때, 그 성전에서 소와 양과 비둘기 파는 사람들과 돈 바꾸는 사람들을 보시고 내어 쫓으면서 "내 아버지의 집으로 장사하는 집을 만들지 말라" 하셨습니다(요2:16).

그런 후에 유대인들과 대화하시면서 성전을 헐라 하셨고 사흘 동안에 일으킬 것을 말씀하셨습니다. 이는 "성전된 자기 육체를 가리켜 말씀하신 것"이었습니다(요2:19~21). 아버지의 집이, 이젠 강도의 굴혈이 되었습니다(막11:17). 기도하는 집이 강도의 굴혈이 되었으니 새로운 집을 약속하신 것입니다. 곧 예수님 자신이 새로운 성전이 되시겠다는 말씀입니다.

예수님께서 참 성전이 되심으로 죄 사함이 주님으로부터 선언됩니다(마1:21, 9:6, 26:28; 눅5:20, 7:48; 행5:31). 성전에 하나님의 영광이 임함으로 하나님 자신이 그 가운데 임재하셨던 것같이 예수님의 오심도 그러합니다(요1:14). 예수님은 임마누엘, 곧 자기 백성과 함께 하십니다(마1:23).

성경은 여기에서 멈추지 않습니다. 하나님의 백성들을 향하여 성전이라 합니다. 옛 언약백성들이 죄 사함을 얻었던 그 일이 이제 교회를 통하여 이루어집니다. 그러니 교회는 새로운 성전입니다. 실로 교회는 사죄의 은총을 만끽한 공동체입니다. 성전에 여호와의 영광이 임하였듯이 교회에도 하나님의 영광이 임했습니다. 오순절에 성령님께서 오셔서 교회를 부르심으로 그분께서 친히 교회의 거처가 되셨습니다(요14:2; 행2장).[29] 그러므로 교회는 "너희도 성령 안에서 하나님의 거하실 처소가 되기 위하여 예수 안에서 함께 지어져 가느니라(엡2:20)"고 선언할 수 있습니다. 성막과 성전 안의 모든 기구와 구조가 그리스도를 통하여 완성되었습니다. 이제 이 땅에 거룩한 성전은 없습니다. 오직 참 성전이신 그리스도의 몸 된 교회만 있을 따름입니다. 참 하나님의 백성인 교회가 바로 성전입니다.

하나님의 성령이 거하시는 교회

우리는 앞에서 교회가 어떻게 새로운 하나님의 전이 되는지 살폈습니다. 이제 신약 본문 중에서 교회를 성전이라 하는 예를 구체적으로 살피려 합니다. 성막 → 성전 → 그리스도 → 교회로 이어지는 계시는 성경 전체의 중요한 흐름 중 하나입니다. 그러므로 이를 잘 이해하는 것은 단순히 교회를 잘 이해하는 정도에서 그치지 않습니다. 이 계시는 전체 구속역사에서 무척 중요한 부분을 차지합니다. 하지만 지금은 교회에 대해 생각하기 때문에 가장 기본적인 의미만 간추려 살피고자 합니다.

고린도전서 3:16,17은 교회를 하나님의 성전으로 규정하는 대표적인 구절입니다. 많은 그리스도인들이 이 본문을 읽으면서 개인적인 삶에 적용합니다.[30] 곧 '내가 하나님의 전이므로 성령님이 거하

---

29) 요한복음 14~16장은 보혜사 성령님에 대한 가르침입니다. 어떤 설교자들은 예수님께서 자기 백성들을 위하여 거처를 예비하러 간다는 말씀을 잘못 이해하여 실제로 어떤 장소를 말하기도 합니다. 그러나 이는 본문을 잘못 이해했습니다. 자기 백성들의 거처는 삼위 하나님 자신이 되셨습니다. 오순절 성령님의 오심이 이를 잘 증거합니다. 성령님의 오심은 새 언약(렘31:31~34)의 성취 측면에서도 잘 이해할 수 있습니다(고전3:16).

30) 한국 교회에 성경묵상과 관련하여 큰 공헌을 한 것은 Q.T.(Quiet Time)입니다. 경건

시니 거룩하게 살아야 된다'는 식입니다. 그러나 여기 "너희가 하나님의 성전인 것"이라고 할 때 '너희'는 누구를 말합니까? 바로 고린도 교회를 의미합니다. 우리 개인을 의미하지 않습니다. 신약성경 서신서의 대부분은 모두 교회에게 주신 글입니다. 많은 그리스도인들이 이 사실을 무시합니다. 바울은 고린도 교회를 향하여 "너희가 하나님의 성전"과 "성령이 너희 안에 거하시는"이라 말합니다. 이는 마치 구약의 성막에 영광의 구름이 가득함으로 하나님의 임재를 나타내는 것과 동일한 표현입니다.[31] 성령님이 교회 안에 계심으로 교회는 새 성전입니다.

이제 이 말씀의 의미를 좀 더 세밀히 살펴봅시다. 교회가 성전이며, 성령님께서 거하신다는 것이 어떤 문맥에서 주어졌습니까? 고린도전서 3장은 고린도 교회의 문제 중 하나인 분파에 대한 권면으로 시작합니다. 고린도 교회가 어린아이와 같다 하시면서 너희 가운데 시기와 분쟁이 있다 했습니다(고전3:3). 바울이나 아볼로가 각각 다른 역할을 감당했다고 가르친 후, 교회의 터는 오직 그리스도라 합니다(고전3:11). 어떤 이들이 그리스도를 터로 하여 교회를 세우면서 그 터 위에 다른 것들(금, 은, 보석, 나무, 풀, 짚)로 세우면 심판의 때에 그 효력이 나타날 것이라 합니다. 그리고 이어서 교회를 성전이라, 성령께서 거하신다 합니다. 그리고 하나님의 성전을 더럽

한 그리스도인들은 매일 성경을 읽고 묵상하기를 좋아합니다. 그러나 너무나 개인적인 성경읽기로 전락한 느낌이 강합니다. 성경을 읽는 일은 절대적으로 중요하고 필요합니다. 그렇다고 하여, 어떤 본문을 읽든지 개인적인 적용거리를 먼저 찾는 것은 바른 성경읽기의 자세가 아닙니다. 성경이 말하고자 하는 바를 찾은 후에 그 가르침이 우리의 신앙고백에 일치한지 확인하고, 그리고 각자의 삶에 적용해야 합니다.

31) 영광의 구름을 성령님으로 이해하는 것은 신약성경의 가르침에 따르면 너무나 자연스럽습니다. 이 부분에 대한 더 깊은 연구서는 멜리딧 G. 클라인, 『구약에 나타난 성령의 형상』, 서흥종 역 (서울: 도서출판 줄과추, 1999)를 참고하세요.

히면 하나님이 그 사람을 멸하신다고 하셨습니다.

　고린도전서 3:17이 강조하는 바는 분명합니다. 성전인, 성령님이 거하시는, 그리고 그리스도가 터인 교회를 여러 사람들의 봉사를 통해 세울 때에 시기와 분쟁이야말로 교회를 더럽히는 행위라는 것입니다. 그러므로 지도자들의 섬김을 시기와 분쟁의 도구로 삼는 것은 교회를 더럽히는 것입니다. 동시에 교회의 지도자들이 각각의 은사를 따라 봉사하지만 언젠가는 그 모든 것을 심판할 날이 있음을 강조합니다. 누구든지 금, 은, 보석, 나무, 풀, 짚으로 섬길 것입니다. 그러나 이 또한 판결 받을 때가 있습니다. 이러한 모든 행위들 중에 교회를 더럽힌 자는 누구든지 그 사람을 하나님께서 멸하실 것이라 하셨습니다.[32] 교회 안에 있는 분파는 하나님이 미워하시는 것이며, 반드시 그대로 갚으실 것입니다.

　교회가 하나님의 성전이라는 가르침은 고린도후서 6:16에도 있습니다. 여기에서는 교회가 우상과 대비됩니다. 하나님의 성전인 교회와 우상은 공존할 수 없습니다. 이 말씀을 14절에 있는 "너희는 믿지 않는 자와 멍에를 같이 하지 말라"라는 말씀 때문에 불신결혼에 대한 가르침으로 이해할 수도 있습니다. 그러나 그보다 훨씬 넓은 의미로 이해됩니다. 왜냐하면 16절 하반절에서 "나는 저희 하나님이 되고 저희는 나의 백성이 되리라" 하셨기 때문입니다. 이 표현은 하나님과 그 백성 사이에 언약관계가 형성되었음을 알리는 말

---

32) εἴ τις τὸν ναὸν τοῦ θεοῦ φθείρει, φθερεῖ τοῦτον ὁ θεός· (고전3:17a, GNT). 헬라어 문장 구조에서 매우 분명한 강조를 발견합니다. 만약 누군가 하나님의 성전을 더럽히면 하나님께서 멸하시리라고 하셨습니다. 여기 더럽힌다는 것과 멸하신다는 것이 같은 단어입니다. 이는 어떤 사람이 행한 행위 그대로 하나님께서 행하신다는 뜻입니다. 마치 구약의 '눈에는 눈, 이에는 이'와 같은 느낌을 받습니다.

씀입니다(창17:7; 출19:5,6; 렘11:4; 겔34:24). 뿐만 아니라 17절에서 "너희는 저희 중에서 나와서 따로 있고 부정한 것을 만지지 말라"라는 말씀을 하셨습니다. 이는 이사야 52:11의 인용입니다. 이사야 말씀은 하나님의 백성들이 하나님의 심판에서 벗어나 영광의 자리로 돌아올 것을 예언하는 문맥에 있습니다. 이처럼 고린도후서 6장의 본문도 범죄하고 타락하여 하나님의 심판대 앞에 서 있는 옛 언약백성의 자리에서 벗어나 새로운 언약백성의 자리로 나아올 것을 말씀하고 있습니다. 이러한 이해는 고린도 지역에 옛 언약백성으로 자처하는 유대인들의 공동체가 있었고, 그들이 새 언약백성인 교회를 핍박한 사실을 상기할 때 더욱 분명해집니다. 그래서 반더발 (Vanderwaal)은 교회가 회당이나 배교한 유대인들과의 가까운 접촉을 경계하고 있을 가능성을 배제하고 싶지 않다고 했습니다.[33] 특히 15절에서 그리스도와 벨리알을 대비시키는 것은 이를 더욱 분명하게 합니다. 구약성경에서 벨리알은 이방 세계의 어떤 세력이라기보다 언약백성 안에서 하나님의 약속을 버린 자들을 지칭할 때 사용되었습니다(신13:13; 삼상2:12; 삼하20:1).[34]

교회는 옛 언약백성을 대체하는 새로운 언약백성이므로 일체의 우상숭배자들과 가까이할 수 없습니다. 특히 스스로 하나님의 백성이라 하면서 실상은 그리스도의 복음을 버린 자들과는 더더욱 멍에를 함께 멜 수 없습니다. 여기에는 교회 안에 가만히 들어온 거짓 교사들도 포함됩니다. '나는 너희의 하나님이 되고 너희는 내 백성이

---

33) 코넬리스 반더발, 『반더발 성경연구 3권』, 344.

34) 신명기 13:13에서는 잡류, 사무엘상 2:12에서는 불량자, 사무엘하 20:1에서는 난류로 번역되었지만 모두 같은 단어로 벨리알입니다.

될 것'이라는 언약관계를 지속하는 특권을 누리는 공동체가 교회입니다.

분쟁과 분열이 없는 교회, 그리스도의 터 위에 바른 봉사와 섬김이 있는 교회, 잘못된 가르침과 우상숭배자들로부터 구별된 교회, 그리하여 하나님과 맺은 언약에 충실한 교회가 진정한 교회입니다. 이러한 교회는 멈추어 있을 수 없습니다. 이러한 교회는 성장하고 자라게 됩니다. 그래서 에베소서 2:21에서 "그의 안에서 건물마다 서로 연결하여 주 안에서 성전이 되어 가고"라고 했습니다. "성전이 되어 가고"라는 말씀은 교회가 자라난다는 뜻입니다. 에베소서 4:15에서는 이 용어를 사용하여 교회가 그리스도에게까지 자라야 함을 강조했습니다.[35] 교회는 마치 작은 겨자씨가 큰 나무가 되어 새가 머물 정도로 자라는 것처럼 성장해야 합니다(마13:32).

하나님의 성전인 교회의 실제

예배당을 건축하는 일은 유익하고 즐거운 일입니다. 그러나 그 건물이 교회는 아닙니다. 더 이상 성전 봉헌식이라든지, 성전이라는 용어를 사용하지 않으면 좋겠습니다. 용어 하나라도 성경의 원리를 따라 사용하는 것이 개혁신앙인들의 마땅한 삶입니다.

교회의 설계자는 하나님이십니다. 그러니 교회는 하나님의 뜻을 따라 출발하고 유지되고 건설되어야 합니다. 교회가 행하는 수많은 행사들이 과연 하나님의 뜻에 합당한가를 끊임없이 살피고 확인해

---

35) 요한복음 3:30에서 세례요한은 예수님에 대해 "그는 흥하여야 하겠고"라고 했습니다. 바로 여기에서 사용된 것과 같은 단어입니다. 사도행전 6:7에서는 하나님의 말씀이 점점 왕성하여 간다고도 했습니다.

야 합니다.[36] 예배, 선교, 교회연합, 각종 은사집회, 교회교육, 사회참여, 직분, 예배 음악과 찬양. 이 모든 것이 하나님의 뜻에 합해야 합니다. 이를 위해 신앙고백이 있고 신학이 있습니다.

교회는 복음이 선언되어 죄 사함의 은총을 누리는 곳입니다. 속죄의 은혜가 선언되지 않는 교회는 역사의 뒤안길로 사라집니다. 유럽교회의 몰락을 연구하는 많은 분들이 공통적으로 지적하는 바는, 신앙고백을 가르치지 않고 무분별하게 연합운동을 하며 말씀을 약화시킨 결과라 합니다. 교회 구석구석에는 속속들이 그리스도의 임재가 묻어나야 합니다. 실제로 이것이 어떻게 가능합니까? 우리 주님께서 승천하시기 전 보혜사 성령님을 약속하셨습니다. 그분이 오시면, 죄에 대하여, 의에 대하여, 심판에 대하여 증거하시리라고 하셨습니다.[37] 성령님의 지배 아래 있는 교회야말로 그리스도의 임재를 경험하는 교회입니다. 이를 이상한 은사운동으로 이해하지 말기를 바랍니다. 성령님의 간섭하심은 성경을 통하여 이루어집니다. 물론, 우리는 성령님의 역사를 성경 안에 제한시켜서는 안 됩니다. 그럼에도 불구하고 성령님은 항상 성경을 통하여 역사하십니

---

36) 개혁교회가 지역교회의 결정을 가장 중요하게 여기는 반면, 대체로 장로회주의 정치원리를 따르는 장로교회는 노회와 총회의 결정을 중요하게 생각합니다. 이러한 것이 얼마나 성경적 원리에 합당한가를 깊이 논의해 보아야 합니다. 동시에 노회나 총회의 주요한 기능에 대해서도 바르게 알아야 합니다. 이 모임들의 목적은 단순한 행정처리를 하기 위함이 아닙니다. 노회나 총회의 가장 중요한 기능은 지역교회의 하나 됨을 확인하는 일입니다. 또한 소속된 교회들의 영적 건강을 위해 성경의 원리를 밝히고 유지하며 지키는 일입니다. 그러므로 노회나 총회는 교회가 새롭게 도입하려고 하는 여러 프로그램들을 항상 연구하고 검증해야 합니다. 어떤 교회가 우리가 고백하는 웨스트민스터 신앙고백서에 기초를 두지 않은 일을 추진하려 할 때, 노회와 총회는 이를 확인하고 성경적 근거를 알려주기 위해 연구해야 합니다.

37) 고재수, 『구속사적 설교의 실제』 (서울: 기독교문서선교회, 1987), 137~144. 저자는 "보혜사의 책망"이라는 제목의 설교를 통해 이 부분에 대한 바른 해석을 제시하였습니다.

다. 성령 충만은 말씀 충만입니다. 성령님께서 오셨을 때 베드로는 어떤 이상한 행동을 한 것이 아닙니다. 사도 베드로는 하나님의 구속역사에 대한 탁월한 가르침을 선포했습니다. 이것이야말로 말씀 충만입니다. 성막과 성전에 영광의 구름으로 가득 찼던 하나님의 임재는 이제 말씀으로 교회 가운데 충만하십니다.

성막과 성전에는 나름의 독특한 구조가 있습니다. 두 집은 하늘나라를 보여줍니다. 그러므로 참 성전인 예수님을 통하여 새로운 성전이 된 교회는 하늘의 모습을 드러내야 합니다. 교회가 교회되기 위해서는 하늘의 뜻이 땅에서도 이루어질 것을 소망해야 합니다. 믿지 않는 자들이 교회를 보면서 하늘을 볼 수 있게 해야 합니다.

교회는 분파를 조심해야 합니다. 성도들은 의도적으로 교회를 분열시키는 행위를 해서는 안 됩니다. 그러나 특정한 그룹으로 나뉠 가능성은 항상 있습니다. 이 면에서 교회가 같은 취미를 가진 사람들끼리 모임을 만든다든지, 심지어 계(契)를 운영하는 것은 매우 조심해야 할 일입니다. 심지어 지역 색을 따라 교회의 성도들끼리 더 친한 관계를 형성하는 것도 문제입니다. 교회는 지역과 취미와 신분과 나이의 차이를 초월한 공동체입니다. 성도들 가운데 종종 분열을 조장하는 행위를 할 때도 있습니다. 특히, 한국 교회 안에 똬리를 틀고 있는 뒷이야기 문화는 교회 안에서 철저하게 제거되어야 할 사안입니다. 어느 성도가 다른 성도에게 불편한 마음이 있으면 직접 찾아가 대화해야 합니다. 당사자 간에 대화가 없으면서 다른 성도들에게 상대방의 약점이나 혹은 왜곡된 평가를 전달하는 것은 분쟁을 유발하는 대표적인 사례입니다. 성경은 분명 수군수군하지 말라 했습니다(고후12:20).

교회는 우상숭배자들을 멀리해야 합니다. 특별히 거짓 교사들의 잘못된 가르침에 노출되지 않도록 해야 합니다. 유대주의자들이 스스로 거짓 선생이 될 것을 희망했을 리는 만무합니다. 그들은 하나님의 말씀에 대한 온전한 이해가 없었기에 그러한 결과를 초래했습니다. 말씀보다 전통을 중요시하면 언제든지 누구나 거짓 선생의 자리에 앉을 수 있습니다. 교회는 오직 하나님의 자녀로서의 본질을 유지해야 합니다.

| 베드로전서 2:9 [38]

> 9 오직 너희는 택하신 족속이요 왕 같은 제사장들이요 거룩한 나라요 그의 소유된 백성이니 이는 너희를 어두운 데서 불러내어 그의 기이한 빛에 들어가게 하신 자의 아름다운 덕을 선전하게 하려 하심이라

제사장 나라와 거룩한 백성

교회를 제사장 나라와 거룩한 백성으로 이해하는 일은 구약성경을 배경으로 합니다. 하나님께서는 시내 산 앞에 선 백성들에게 제사장 나라가 되며 거룩한 백성이 되리라 하셨습니다(출19:6). 이스라엘이 세계 모든 나라들 가운데서 하나님의 소유(보배)가 되어 제사장 나라와 거룩한 백성이 되는 것은 아브라함에게 약속하신 내용보

---

38) 흔히 이 본문을 만인제사장설의 근거로 제시합니다. 물론 이러한 견해를 존중하면서 일차적으로 이 본문은 옛 언약백성을 대체하는 새로운 언약백성으로서 교회의 정체성을 가르칩니다.

다 더 구체적입니다. 아브라함에게 민족, 땅, 복에 대하여 약속하신 것을 한 단어로 요약하면 '나라'입니다. 이제 그 나라가 어떠한 나라가 될 것인지 가르칩니다. 곧, 제사장 나라가 될 것이라 합니다. 이스라엘의 제사장 나라 됨은 온 세상 가운데서 그 백성이 어떤 역할을 담당할 것인지를 알려줍니다. 곧, 중보자 역할입니다. 이스라엘은 이방 국가에 대하여 하나님을 소개하고 알리는 통로입니다.

제사장은 죄 사함을 선언할 수 있는 직분입니다. 정결과 부정을 결정하는 위치에 있습니다. 동시에 레위지파 가운데서 선택된 자들이기에 이스라엘을 대표하며, 율법을 가르치는 자들이기도 합니다. 이 모든 제사장적 사역을 그리스도께서 완성하셨습니다. 교회는 그리스도의 몸이기에 제사장적 사역의 은혜에 참여한 자들입니다. 하나님의 구속을 드러내는 위치에 있는 자가 바로 제사장입니다.

하지만 그들은 그 특권을 온전히 수행하지 못합니다. 하나님께서는 오랫동안 참으셨습니다. 제사장, 왕, 선지자들을 통하여 수없이 많은 권면과 가르침을 주셨습니다. 하나님께서 직접 오셔서 기적으로 보여주실 때도 있었습니다. 다양한 방법과 긴 역사를 통하여 당신의 사랑을 표했습니다. 때로는 채찍으로 징계하기도 하셨습니다. 그러나 소용이 없었습니다. 나라를 멸망시키셨습니다. 가장 극단적인 방법까지 사용하셨습니다. 종국에는 하나님께서 입을 닫으셨습니다. 마지막으로 예수님께서 친히 이 땅에 오셨습니다. 그러나 이도 소용이 없었습니다. 백성이라 자처하는 자들이 아들까지 죽였습니다(마21:38,39).

우리 주님께서는 옛 언약백성들을 대신할 새로운 백성들을 부르시기로 작정하시고 새 백성들을 부르셨습니다. 제자들과 마지막 유월절 만찬을 드실 때 포도주를 주시면서 "이것은 죄 사함을 얻게 하려고 많은 사람을 위하여 흘리는 바 나의 피 곧 언약의 피"라고 하셨습니다(마26:28). 사도들과 선지자들의 터 위에 세워진 교회는 그리스도의 피, 곧 언약의 피를 마시는 자들입니다. 교회가 바로 새 이스라엘입니다. 베드로전서 2:9은 바로 이를 가르칩니다.

새 나라인 교회의 목적과 실제

교회의 목적은 그리스도로 말미암아 주어진 영원한 구원을 선전하는 데 있습니다. 옛 언약백성이 어떻게 이 아름다운 덕을 선전했습니까? 하나님께서 그들에게 그 특권을 어떻게 누리라 하셨습니까? 율법과 성막입니다. 율법과 성막은 옛 백성들에게 삶의 근간이며, 하늘의 재현이요 구속의 근본입니다. 율법과 성막은 삼위 하나님이 거하시는 하늘을 땅에 아로새기는 도구입니다. 그리스도께서 모든 율법을 완성하셨고 참 성전이 되셨습니다. 그렇다고 하여 구약에 기록된 모든 율법이 폐기되었습니까? 그렇지 않습니다. 만약 누군가가 율법이 폐지되었으니 아무도 그 법을 지킬 필요가 없다고 가르친다면, 십계명과 교회는 아무런 관련이 없다 말하는 것과 같습니다. 우리는 아직도 십계명을 하나님의 법으로 지킵니다. 물론 그 법을 문자 그대로 지키는 것이 아니라 그리스도 안에서 성취된 원리를 따라 지킵니다. 예를 들어, 십계명의 제 4계명은 안식일을 기억하여 거룩히 지키라 입니다. 그런데 지금 우리는 이 안식일을 지키지 않습니다. 우리는 주의 날을 지킵니다. 네 번째 계명이 그리스도를 통하여 완성되었기에 우리는 그 완성된 법을 지킵니다. 예수님께서는 산상수훈(마5장)을 가르치시면서 옛 법의 진정한 의미가

무엇인지 가르쳐주셨습니다.[39]

성막과 성전을 통하여 계시된 하나님의 뜻도 이와 같습니다. 그리스도께서 참 성전이 되셨기에 옛 성전에 대한 가르침을 배울 필요가 없습니까? 그렇지 않습니다. 우리는 성막과 성전이 어떻게 그리스도를 나타내며 지향하고, 참 하늘의 그림자인지 깨달아야 합니다. 그러할 때 그리스도를 더 깊이 온전하게 압니다(히10:9,19,20).

베드로전서 2:9이 우리에게 가르치는 또 다른 중요한 도리는 무엇입니까? 하나님께서 옛 백성을 버리시고 새 백성을 부르셨다는 사실입니다. 교회가 사단의 회가 될 때, 하나님은 오래 참기도 하시고 때로는 징계도 하십니다. 그러나 언약에 신실치 않으면 새로운 백성들을 통해 구원의 역사를 이어가십니다. 촛대를 옮기신다는 하나님의 경고를 진지하게 들어야 합니다(계2:5). 오늘날 한국교회가 물질주의와 성장만능주의, 그릇된 은사주의와 공로사상, 그리고 성경에 대한 희미한 자세를 버리지 않는다면 언젠가 예배당 문을 닫아야 할 때가 올 것입니다.

| 고린도후서 11:2~4

> 2 내가 하나님의 열심으로 너희를 위하여 열심 내노니 내가 너희를 정결한 처녀로 한 남편인 그리스도께 드리려고 중매함이로다 3 뱀이 그 간계로 이와를 미혹케 한 것같이 너희 마음이

---

39) 웨스트민스터 신앙고백 대교리문답은 196문 중, 101~148문까지 십계명 자체에 대해 길게 설명하고 있습니다. 소교리문답 역시 107문 중, 42~81문까지입니다. 이는 우리의 신앙고백이 아직도 '법'이 유효함을 강조합니다.

그리스도를 향하는 진실함과 깨끗함에서 떠나 부패할까 두려워하노라 4 만일 누가 가서 우리의 전파하지 아니한 다른 예수를 전파하거나 혹 너희의 받지 아니한 다른 영을 받게 하거나 혹 너희의 받지 아니한 다른 복음을 받게 할 때에는 너희가 잘 용납하는구나

신랑과 신부의 표상

옛 언약백성인 이스라엘안에서 일어난 성적 범죄는 때때로 죽음으로 대가(代價)를 치르게 합니다. 한 사람이 아내를 얻어 살다가 그 아내가 미워 누명을 씌우는 대표적인 사례가 성적 문제로 고발하는 것입니다. 그때, 신부의 아버지가 자신의 딸이 처녀임을 증명해야 합니다(신22:15~17). 초야를 보낸 자신의 아내가 처녀인 것이 증명되면 남자는 은 백 세겔을 벌금으로 그 장인에게 주어야 하고, 만약 아내가 처녀인 것이 증명되지 않으면 그녀는 자기 친정 집 앞에서 돌로 쳐 죽임을 당합니다(신22:21).

이와 같은 법은 이스라엘 백성들에게 거룩과 정결을 강조합니다. 이러한 배경에서 성경은 종종 이스라엘을 향하여 처녀 딸 혹은 처녀 이스라엘이라 합니다(왕하19:21; 렘14:17, 18:13, 31:4). 동시에 이스라엘은 하나님의 신부였습니다. 이를 가장 극적으로 보여주는 본문이 에스겔 23장입니다. 너무나 생생하게 표현되었기에 그 내용을 입에 담기에 쑥스러울 정도입니다. 23장 전체를 천천히 몇 번이고 읽노라면 처음에는 분노가, 나중에는 눈물을 흘릴 수밖에 없습니다. 북 이스라엘의 수도 사마리아와 남 유다의 수도 예루살렘은 각각 '오홀라'와 '오홀리바'라는 이름을 가졌습니다. 이들은 다른 남자를 연애하여 음부(淫婦)가 되었습니다. 즉, 하나님과 언약을 맺어 그

의 신부가 된 백성들이 음란히 이방을 좇고 그 우상들로 더럽혀졌습니다(겔23:30). 하나님의 신부된 백성들이 자신을 먹이고 입히고 키워준 남편인 하나님을 좇지 않고, 이방국가를 의지하고 그들이 섬기는 우상을 섬겼습니다. 우리는 이러한 옛 언약백성들의 모습을 호세아서에서도 발견합니다.

이스라엘과 하나님의 관계가 신랑과 신부로 설명된 부분은 구약성경에만 국한(局限)되지 않습니다. 신약성경에서도 하나님과 그 언약백성의 관계를 신랑과 신부로 설명합니다. 세례요한이 자신의 제자에게 예수님에 대하여 설명하면서 다음과 같이 말씀하셨습니다. "신부를 취하는 자는 신랑이나 서서 신랑의 음성을 듣는 친구가 크게 기뻐하나니(요3:29)." 세례요한은 예수님을 신랑으로, 그 백성들을 신부로 이해했습니다. 그러나 그 신부는 여전히 창기의 모습을 하고 있었습니다. 신랑을 맞이하는 것은 고사하고 오히려 신랑을 멀리하고 조롱하며, 신랑이 보는 앞에서 음행을 행합니다. 그래서 예수님은 그들을 향하여 "악하고 음란한 세대"라 하셨습니다(마 12:39, 16:4). 그리하여 주님께서는 새로운 신부를 구하셨습니다. 그가 곧 교회입니다. 바울이 고린도 교회를 향하여 "내가 너희를 정결한 처녀로 한 남편인 그리스도께 드리려고 중매"한다고 하신 말씀을 이러한 배경에서 이해해야 합니다.

정결한 처녀인 교회와 실제

성경은 고린도 교회를 '정결한 처녀'라 했습니다. 성경의 원저자이신 성령님께서는 아주 의도적으로 이러한 표현을 사용했습니다. 창기가 되어버린 옛 언약백성을 대신한 교회는 이제 정결하고 깨끗한 처녀이기 때문입니다. 바울은 이 일을 '하나님의 열심'으로 한다 했습니다. '하나님의 열심'이라는 표현은 구약적 표현입니다.

이사야 9:6,7은 그 유명한 메시아에 대한 예언입니다. 그분의 이름은 기묘자, 모사, 전능하신 하나님, 영존하시는 아버지, 평강의 왕입니다. 바로 그분이 다윗의 위(位)에 앉아서 나라를 굳게 세운다 하셨습니다. 만군의 여호와의 열심이 이를 이룰 것이라 하셨습니다. 메시아를 통해 이루어질 영광의 왕국의 도래와 통치권의 회복을, 만군의 여호와께서 친히 완성하신다고 하셨습니다.

이사야 37:32도 마찬가지입니다. 앗수르의 산헤립에 의해 예루살렘이 공격당하는 문제를 가지고 유다 왕 히스기야가 하나님께 기도했습니다. 하나님께서는 그 기도에 대한 응답으로, 유다 왕국이 금년에는 스스로 난 것을 먹고, 제 3년에는 심고 거두고 포도나무를 심어 열매를 먹으며 유다 족속 중에 피하여 남은 자가 뿌리를 내리고 열매를 맺을 것이라 하셨습니다(사37:30,31). 그런 후에 여호와의 열심이 이를 이루시리라고 하셨습니다. 자기 백성을 끝까지 지키시고 보호하시며 인도하시는 하나님. 그 하나님의 열심은 이러한 것을 가능케 합니다.

하나님은 언약에 신실하신 분입니다. 그분께서 약속하신 것은 철저히 지키십니다. 그 백성이 비록 범죄 할지라도 말입니다. 심지어 그 백성이 언약을 파기한다 해도 하나님의 약속은 이루어집니다. 그것이 바로 하나님의 열심입니다. 바울은 그 하나님의 열심이 교회로 신부되게 한다 했습니다.

우리는 여기에서 교회의 정체성을 또 다시 발견합니다. 교회는 하나님의 열심으로 새로운 신부가 되었습니다. 그러므로 옛 신부처럼 음행의 자리에 이르지 말아야 합니다. 음행은 하나님보다 다른 것을 의지하고, 우상을 더 사랑하는 것입니다. 고린도후서 11:3부터 그리스도께로 고린도 교회를 중매한 사도 바울의 염려와 책망이 이어집니다. 바울의 염려는 고린도 교회가 사단의 미혹에 빠지는 것이요, 책망은 사단의 미혹을 받아 부패할까 조심하라는 것입니다.

바울은 왜 이러한 염려와 책망을 합니까? 이미 고린도 교회가 그러한 조짐을 조금씩 보였기 때문입니다. 4절에서 분명히 밝혔습니다. "우리의 전파하지 아니한 다른 예수를 전파하거나 혹 너희의 받지 아니한 다른 영을 받게 하거나 혹 너희의 받지 아니한 다른 복음을 받게 할 때에는 너희가 잘 용납하는구나." 다른 예수, 다른 영, 다른 복음. 이것을 "너희가 잘 용납하는구나." 바울은 긴장하고 있습니다. 고린도 교회 안에 거짓 사도, 곧 사단의 일꾼이 이미 들어와 있기 때문입니다(고후11:13,15). 그래서 바울은 한 마디를 더 합니다. "너희는 지혜로운 자로서 어리석은 자들을 기쁘게 용납하는구나(고후11:19)."

초대교회는 이단들의 공격을 많이 받았습니다. 가장 대표적인 경우가 유대주의자들입니다. 그들은 할례를 받지 않으면 구원을 얻을 수 없다고 가르쳤습니다(행15:1). 안디옥 교회의 목회자였던 바울과 바나바가 이 문제로 큰 어려움을 경험했습니다. 이를 해결하기 위해 예루살렘 공의회가 모였습니다(행15:6). 갈라디아 지역의 교회들도 동일한 어려움에 처했습니다(갈1:8). 에베소 교회도 마찬가집니다(딤전4:3). 초대교회의 가장 심각한 문제는 유대주의자들이었습니다.

교회가 정결한 신부가 되기 위해 싸워야 할 것이 무엇입니까? 다른 예수, 다른 영, 다른 복음을 전하는 자들을 멀리해야 합니다. 잘못된 가르침이 교회 안에 들어오지 못하게 해야 합니다. 종교개혁자들이 교회의 표지 중 말씀을 가장 중요하게 생각한 이유가 여기에 있습니다. 오늘 한국 교회의 강단에서 혹 다른 복음, 다른 예수, 다른 영을 전하지는 않습니까? 사도들이 전한 바로 그 복음을 전하고 있습니까? 혹 예수님을 믿으면 만사형통이라거나 사업도 잘되고 건강도 좋아지고 자녀들도 출세할 것이라 가르치지는 않습니까? 진리의 말씀이 전해져야 할 강단에 코미디언을 올려놓고 아래에서 박장대소하고 있지는 않습니까? 성도들의 귀를 즐겁게 하기 위해 온갖 좋은 이야기만 주절주절 늘어놓는 설교자는 없습니까? 교회는 다른 복음을 가려내어 교회 밖으로 던져야 합니다. 오직 참 복음에만 귀를 기울여야 합니다.

| 디모데전서 3:14~16

14 내가 속히 네게 가기를 바라나 이것을 네게 쓰는 것은 15 만일 내가 지체하면 너로 하나님의 집에서 어떻게 행하여야 할 것을 알게 하려 함이니 이 집은 살아 계신 하나님의 교회요 진리의 기둥과 터이니라 16 크도다 경건의 비밀이여, 그렇지 않다 하는 이 없도다 그는 육신으로 나타난 바 되시고 영으로 의롭다 하심을 입으시고 천사들에게 보이시고 만국에서 전파되시고 세상에서 믿은 바 되시고 영광 가운데서 올리우셨음이니라

하나님의 집인 교회

디모데서는 바울이 에베소의 목회자인 디모데에게 보낸 편지입니다. 그러나 이 편지는 성령의 감동으로 기록되었고 성경이 되었습니다. 그러므로 우리가 이 편지를 읽을 때에 개인적인 서신으로 읽으면 안 됩니다. 디모데서는 목회서신으로서 목회자들을 위한 책이기도 하지만 동시에 교회를 위한 책입니다. 디모데전서 3장은 특별히 교회의 직분에 대한 가르침입니다. 개혁신학을 추구하는 교회는 항상 직분자의 자질에 큰 관심을 두었습니다. 이는 매우 성경적입니다. 이 본문도 바로 장로와 집사의 자격에 대해 말합니다. 그런 후에 바울은 디모데에게 이 편지를 쓰는 목적을 밝힙니다. "이것을 네게 쓰는 것은 만일 내가 지체하면 너로 하나님의 집에서 어떻게 행하여야 할 것을 알게 하려 함이니(딤전3:14,15)." 에베소 교회의 목회자인 디모데에게 어떻게 행해야 하는지를 가르치는 것이 목적입니다. 그러면서 교회를 "하나님의 집"이라 했습니다(참고, 고전3:9).

교회를 가리켜 하나님의 집이라 부르는 것은 성막과 성전으로부터 유래되었습니다. 구약성경은 성막과 성전을 가리켜 종종 하나님의 집이라 했습니다(수9:23; 삿18:31; 대상6:48; 시42:4, 122:9). 바울이 교회를 하나님의 집이라 부르는 이유가 무엇입니까? 이는 직분과 연결되어 있습니다. 곧, 직분자들은 하나님의 집에서 일꾼이라는 뜻입니다. 교회를 하나님의 집으로 표현한 다른 본문인 고린도전서 3장도 이 면에서는 동일합니다.

히브리서 3:1~6은 하나님의 집인 교회와 예수님의 직분적 사역이 가장 잘 설명된 본문입니다. 우리의 믿는 도리의 사도시며 대제사장이신 예수님은 모세가 하나님의 온 집에서 충성한 것처럼 충성했다고 했습니다. 모세는 하나님의 온 집에서 사환으로 충성했지만(5 절) 그리스도는 아들로 충성했습니다(6절). 그래서 히브리서 저자는 교회를 "그의 집"이라 했습니다. 여기에서도 모세의 직분적 사역과 그리스도의 직분적 사역이 비교되어 있습니다. 그러므로 교회는 청지기인 직분자의 섬김을 통해 자라고 튼튼해집니다.

바울이 밀레도에서 에베소 교회의 장로들을 불러 권면한 말씀을 생각하면 쉽게 이해됩니다. "너희는 자기를 위하여 또는 온 양 떼를 위하여 삼가라 성령이 저들 가운데 너희로 감독자를 삼고 하나님이 자기 피로 사신 교회를 치게 하셨느니라(행20:28)." 성령님께서 에베소 교회의 장로들을 '목자(개역 성경은 감독자로 번역했음)'로 삼은 것은 교회를 치게 하기 위함입니다. 직분자들은 충성된 일꾼이어야 합니다. 맡은 자들에게 구할 것은 충성이기 때문입니다(고전4:2).

진리의 기둥과 터인 교회

교회는 하나님의 집이기도 하지만 동시에 "진리의 기둥과 터"이기도 합니다. 건물에서 기둥과 터는 가장 중요한 뼈대입니다. 터와 기둥이 부실한 집은 쉽게 무너집니다. 교회는 진리로 터를 삼고, 진리로 기둥을 삼아야 합니다. 진리는 무엇입니까? 예수님이십니다. 내가 곧 길이요 진리요 생명이라 했습니다(요14:6). 예수님은 은혜와 진리로 충만하십니다(요1:14). 그분은 참 진리이시므로 참 자유를 주십니다(요8:32). 동시에 성령님도 진리이십니다(요15:26). 그 성령님이 그리스도를 증거하십니다(요16:13). 진리의 성령님께서 오순절에 무리 가운데 임재 하심으로 교회가 출현했습니다. 그 성령님이 사도들과 선지자들과 함께 계셨습니다. 그리하여 교회는 사도들과 선지자들의 터 위에 세워졌습니다(엡2:20).

그리스도를 터로 삼지 않고 사도들을 기둥으로 삼지 않는 교회는 모래 위에 세운 집과 같습니다. 고린도전서 3:11에서 터는 그리스도라 했습니다. 갈라디아서 2:9에서는 사도들을 기둥이라 했습니다. 그러므로 사도들의 허락 없이 말씀을 전하는 자들은 교회를 무너뜨리는 거짓 선생입니다(행15:24). 교회는 주 예수 그리스도의 반석 위에 건설되어야 합니다. 이와 다르게 집을 짓는 자는 모두 모래 위에 집을 짓는 것과 같습니다(마7:26,27). 교회는 오직 진리의 기둥과 터를 드러내야 합니다. 교회가 다른 것을 자랑하면 사단의 회가 됩니다.

직분과 교회의 실제

개혁신학자 칼빈은 교회의 직분을 장로, 집사, 교사로 분류합니다.[40] 장로는 다시 가르치는 장로와 치리하는 장로로 나눕니다. 즉 목사와 장로입니다. 교사는 목사들을 가르치고 말씀을 연구하는 직입니다. 굳이 오늘날로 이해한다면 신학교의 교수가 될 것입니다.

충성된 청지기는 주님과 말씀에 의지하여 봉사해야 합니다(행 20:32). 한국 교회의 직분자들은 진실로 주님과 말씀을 의지하고 있습니까? 쉽게 답할 수 없습니다. 교회가 진리의 기둥과 터가 되기 위해서는 우선 진리를 잘 알아야 합니다. 한국의 목사님들은 일주일에 기본적으로 10회의 설교를 합니다. 이분들은 정말 놀라운 일꾼들입니다! 그러나 여러분! 한 편의 설교를 준비하기 위해 얼마의 시간을 들여야 할까요? 물론 제 자신이 우둔한 탓도 있겠지만 저는

---

40) 존 칼빈, 『기독교 강요』, 4.3.4~9.

대체로 10시간이 소요됩니다. 저는 모든 교회의 당회원들과 성도들에게 부탁하고 싶습니다. 여러분의 목사님들에게 너무 빈번한 설교의 짐을 지우지 마십시오! 빈번한 설교가 진리를 드러내는 것이 아니라 진리를 가릴 수도 있음을 기억해야 합니다. 다른 직분에 대해서는 다음 장에서 좀 더 세밀하게 다루겠습니다.

마지막으로 바울의 고백을 생각합시다. 바울은 에베소 교회를 겸손과 눈물과 시험을 참는 인내로 목양했다고 고백했습니다(행 20:19). 바울의 목양을 겸손, 눈물, 인내로 규정할 수 있습니다. 이는 오늘날 모든 직분자들이 마음에 새겨야 할 도리입니다.

1. 교회를 이해하는 열쇠인 여섯 가지 본문을 말해봅시다.

2. 베드로의 신앙고백에 나타난 예수님의 세 가지 호칭의 의미를 설명해봅시다.

3. 교회를 세우고 유지하는 원리가 무엇입니까?

4. 교회에 대한 가르침 중, 로마서 12장과 고린도전서 12장이 강조하는 바는 무엇입니까?

5. 바울은 고린도교회를 향하여 "너희가 하나님의 성전"이라 했습니다(고전3:16). 성막에서 교회로 이어지는 원리를 설명해 봅시다.

6. 교회를 성전과 성령의 전으로 이해할 때, 그 교회가 주의해야 할 것은 무엇입니까?

7. 교회는 십계명을 어떤 원리를 따라 지켜야 합니까?

8. 고린도후서 11장에 나타난 하나님과 교회의 관계를 설명해봅시다.

9. 진리의 기둥과 터인 교회는 무엇을 기초로 삼습니까?

~

3

직분

3

직분[41]

직분론은 교회론의 핵심이라 해도 과언이 아닙니다. 어떤 분들은 칼빈 선생의 교회론을 직분론으로 요약하기도 합니다. 특별히 목사 직분론이라 합니다.[42] 직분을 이해하지 못하면 교회를 온전히 이해하지 못한 것입니다. 성경에서 가르치는 직분을 바르게 이해하는 것이야말로 건강한 교회 건설의 열쇠라 할 수 있습니다. 안타깝게도 한국 교회는 직분론에 있어서 심각한 결함을 지니고 있습니다. 이를 교정하는 일이야말로 한국 교회의 가장 시급한 사안입니다.

| 아담과 직분

사람은 천지창조의 일부분입니다. 사람은 피조물임에도 불구하고 하나님의 창조역사에서 매우 독특한 위치를 차지합니다. 사람은 처

---

41) 직분과 관련하여 더 깊은 연구를 원하시는 분들은 코넬리스 반 담, 『성경에서 가르치는 장로』, 김헌수, 양태진 역 (서울: 성약출판사, 2012)와 김헌수, 코넬리스 반 담, 윈스턴 후이징아 공저, 『성경에서 가르치는 집사와 장로』 (서울: 성약출판사, 2013)를 참고하세요.
42) 유해무, "칼빈의 교회론", 『칼빈과 교회』 (부산: 고신대학교 개혁주의 학술원, 2007), 29.

음부터 왕적인 직분을 받았습니다. "하나님이 그들에게 복을 주시며 그들에게 이르시되 생육하고 번성하여 땅에 충만하라, 땅을 정복하라, 바다의 고기와 공중의 새와 땅에 움직이는 모든 생물을 다스리라 하시니라(창1:28)."

사람은 피조물임에도 불구하고 다른 모든 피조물을 '다스리는' 특권을 얻었습니다. 다스린다는 말은, 사람이 왕이라는 뜻입니다. 사람은 창조될 때부터 하나님으로부터 왕으로 임명되었습니다. 창세기 2:15에도 이러한 개념이 있습니다. "여호와 하나님이 그 사람을 이끌어 에덴 동산에 두사 그것을 다스리며 지키게 하시고". 물론 창세기 1:28과 2:15은 다스림의 범위가 다릅니다. 그리고 쓰인 단어도 다릅니다. 1:28의 다스림은 통치라는 개념이 강합니다. 그래서 ESV나 KJV은 'dominion'이라 표현했습니다. 2:15은 통치의 개념보다 '봉사하다' 혹은 '섬기다'라는 뜻입니다. 이 용어가 비인격체에 사용되면 '잘 가꾸다'라는 의미입니다. 그래서 ESV는 "the garden of Eden to work it and keep it."이라 번역했고, KJV은 "the garden of Eden to dress it and to keep it."이라 했습니다.

하지만 1:28과 2:15이 각각 다른 용어를 사용했다고 해서 두 본문이 의미하는 바가 다른 것은 아닙니다. 오히려 1:28에서 주어진 사명의 한 부분으로서 2:15을 이해해야 합니다.[43] 1:28의 다스리라는 말은 전 피조물에 대한 사람의 특권을 말하고, 2:15은 그것이 구체적으로 어떤 모양을 띠는지를 가르칩니다. 곧 사람은 모든 만물을 다스립니다. 다스림은 군림하는 것이 아니라 봉사와 섬김입니다. 여기에 직분의 성격이 잘 드러납니다. 성경의 직분은 세상의 권위

---

43) 그레고리 빌, 『신약성경신학』, 49.

와 다른 모습을 띠고 있습니다. 세상의 권위는 군림하고 권위하며 때로는 폭정을 일삼지만 하나님 나라의 권위는 종이 되어 섬김으로 세워집니다.

동시에 2:15은 "다스리며" 다음에 "지키게 하시고"라고 했습니다. 여기 지킨다는 것은 왕적 직분과는 약간 다릅니다. 이는 제사장적 사역을 의미합니다. 일차적으로 동산을 지키라는 말은 무엇인가로부터 공격 받을 가능성을 전제합니다. 어떤 대상으로부터 지킨다는 것은 후에 제사장적 사역과 연결됩니다. 제사장은 하나님의 집을 지키는 직분입니다(민3:38).[44] 동산이 하나님께서 자기 백성과 교제하시는 장이라는 측면과 생명나무를 통해서 계시하신대로 영생을 선물로 주시는 곳이라는 측면을 동시에 고려한다면, 동산은 반드시 지켜야 할 공간입니다. 물론 동산은 그 자체로도 중요한 의미가 있기도 하지만, 하나님께서는 그곳을 통해 궁극적으로 목적하시는 바가 있으셨습니다. 즉, 하나님께서 자신의 왕국을 어떤 방향과 목표로 세워나가기 원하시는지 그리고 사람은 그 일에 어떤 책임을 져야 하는지를, 직분자인 사람에게 가르치고자 하셨던 것입니다. 그래서 지킨다는 말에는 '돌보다'라는 개념이 함께 있습니다. 돌봄은 가르쳐 지키게 함으로써 그 효력을 발휘합니다.

이러한 사람의 사역은 이후 제사장의 사역에서 더 구체화됩니다. 훗날의 가나안은 사라진 에덴의 동산을 재현합니다. 훗날의 가나안, 바로 그곳에서 제사장들이 백성들을 어떻게 섬기는지 살펴보면 지키는 사역이 무엇을 의미하는지 매우 구체적으로 알 수 있습

---

44) 데스몬드 알렉산더, 『에덴에서 새 예루살렘까지』, 배용덕 역 (서울: 부흥과개혁사, 2014), 25.

니다. 제사장은 백성들이 이방의 사상을 따르지 않고 오직 하나님의 말씀만 붙들며 살아가도록 백성들을 '지키는' 직분자입니다. 제사장은 무엇이 죄이며, 무엇이 하나님의 법에 위배되는지를 판결합니다. 또한, 죄 용서를 통하여 하나님과 자기 백성의 관계를 지속시킵니다.[45] 이러한 사역이 한 마디로 하나님의 나라를 지키는 일입니다. 이 사역이 첫 사람에게 주어졌습니다.

아담이 왕적, 제사장적 직임을 동시에 받았다는 것을 생각하면 선지자 직도 함께 받지 않았을까 하는 의문이 자연스럽게 생깁니다. 선지자는 여호와의 회의에 참여한 자입니다(렘23:18). 이는 선지자가 하나님께서 그의 입에 말씀을 주시지 않으면 아무것도 말할 수 없음을 강조합니다. 또한 여호와의 회의에 참여했다는 것은 하나님과 대면하여 깊은 교제를 나누었음을 의미합니다. 사실 아담은 동산을 영화롭게 만들기 위해 이러한 측면을 더욱 깊이 있고 풍성히 누려야 하는 위치에 있었습니다. 하나님의 입에서 나오는 가르침이 없다면 아담은 동산을 다스리고 지키는 사역을 제대로 감당할 수 없습니다. 성경에 계시된 아담의 행적만으로는 이 측면이 얼마나 충실하게 이루어졌는지 정확하게 규정하기 어렵습니다. 그래도 어쨌든 아담은 어느 정도의 선지자적 사역을 행한 것으로 이해합니다.

아담이 직분적 사명을 받았다는 사실은 하나님께서 처음부터 직분을 따라 자기 왕국(또는 하나님의 집)을 세우시리라는 것을 작정하

---

45) 코넬리스 반 담은 구약 시대에도 가르치는 직분과 다스리는 직분이 조금 겹치기는 하지만 서로 분명하게 구별된다고 하였습니다. 그래서 일반적인 상황에서는 장로들이 다스리고 재판하는 일을 주로 담당하고, 레위지파 사람들, 그 중에서도 제사장들은 가르치는 일을 담당하였다고 했습니다(『성경에서 가르치는 장로』, 171).

셨음을 뜻합니다. 그러니 하나님의 왕국 건설에 있어서, 그리고 그 왕국의 현현(顯現)인 교회를 바르게 이해하는데 있어서 가장 중요한 요소가 바로 직분인 것입니다. 아담이 받은 직분적 사역은 그의 범죄로 말미암아 거두어졌습니다. 죄 아래 있는 인간은 하나님의 뜻을 알 수도, 이해할 수도 없습니다. 오직 하나님께서 친히 찾아오셔서 당신의 뜻을 드러내실 때 그분의 뜻을 알 수 있습니다. 이렇게 단절된 직분은 후에 족장들에게서 조금씩 드러납니다.

| 구약의 세 직분

제사장, 왕, 선지자를 구약의 삼직(三職)이라 합니다. 이스라엘 백성이 출애굽 후에 시내 산에서 하나님과 언약을 맺음으로 인해 세 직분에 대한 가르침은 매우 분명해졌습니다. 물론 그 전에도 이러한 직분은 존재했습니다. 하나님께서는 아브라함을 향하여 선지자라 하셨습니다(창20:7). 그러나 족장시대에는 삼직의 구분이 그리 선명하지 않습니다. 아브라함, 이삭, 야곱, 요셉으로 이어지는 역사에서 삼직은 거의 찾아 볼 수 없습니다. 이 시대에는 족장들이 세 직분 모두를 맡았던 것으로 보입니다. 즉, 족장 한 사람이 이러한 직분적 사역을 통합적으로 수행했던 것으로 이해합니다.

점차 하나님의 약속이 이루어지면서 제사장, 왕, 선지자의 순으로 활발한 활동이 이루어졌습니다. 세 직분은 때로는 독자적으로 때로는 연합하며 하나님의 왕국을 보존하고 건설했습니다. 대체로 제사장의 사역은 성막과 성전을 중심으로 이루어졌습니다. 또한 제사장들과 레위지파 사람들은 율법을 가르치는 사역에 종사했습니다. 왕들은 하나님을 대신하여 나라를 다스렸고 선지자들은 하나님의 말씀을 전달하는 역할을 담당했습니다.

우리가 교회에 대한 성경적인 가르침을 생각하면서 구약의 세 직분을 간략하게나마 살피는 이유가 무엇입니까? 이는 하나님의 왕국과 구속역사가 어떤 원리로 움직이고 진행되는지를 이해하기 위함입니다. 또한 신약교회의 직분이 그리스도를 통하여 주어졌기에, 그리스도께서 구약의 삼직을 어떻게 성취하셨는가를 이해하는 것도 매우 중요한 논점 중 하나입니다.

제사장은 아론의 아들들에게 주어진 직분입니다(출28:1). 그의 아들들은 나답, 아비후, 엘르아살, 이다말입니다. 그러나 나답과 아비후는 여호와께 다른 불로 제사를 드리려다 심판을 받아 죽었습니다(레10:1,2). 이들은 자식이 없었기에 이후의 제사장 직분은 모두 엘르아살과 이다말 계열이 담당했습니다(민3:4). 레위에게는 세 명의 아들이 있었고(게르손, 고핫, 므라리) 그 세 명 중 고핫에게서 모세와 아론의 아버지인 아므람이 태어납니다(출6:16~20). 이를 하나의 선으로 도식화하면 다음과 같습니다. 레위 → 고핫 → 아므람 → 아론 → 엘르아살과 이다말 입니다. 제사장 반열과 가장 가까운 친족은 바로 레위의 아들 중에 고핫 자손입니다. 우리가 이러한 족보를 살피는 이유는 이들이 주로 어떤 일을 했는지 살피기 위함입니다.

흔히 레위지파 사람들이 모두 제사장이었던 것으로 알고 있는데 실제로는 그렇지 않습니다. 제사장은 우리가 위에서 살펴본 대로 레위의 세 아들 중 고핫 집안에서 나온 아므람의 아들인 아론 집안에만 허락된 직분입니다. 그 외의 레위의 아들들에게는 성막과 관련한 다양한 일들이 주어졌습니다(민3, 4장). 아론의 아들들이 제사장이라면, 레위의 다른 아들들은 주로 무슨 일을 할까요? 민수기 3, 4장은 이들이 감당해야 될 일들이 주로 성막의 기구들과 관련된 것임을 소개합니다. 레위인들이 이렇게 성막과 관련된 일을 하는 것은 이들이 이스라엘 전체 백성들의 처음 난 자들을 대신하여 하나님께 바쳐졌기 때문입니다(민8:16~18).

레위지파 사람들이 주로 성막이나 성전의 기구들을 관리하는 일에 종사합니다. 하지만 모세가 죽기 전에 하나님의 계시를 따라 레위지파에 대해 가르치길, 레위지파는 하나님의 법도를 백성들에게 가르칠 책무를 졌다고 했습니다(신33:8~11). 제사장들 역시 장로들과 더불어 율법을 가르치는 일을 했습니다. 신명기 31:9~12에서 모세가 율법을 써서 제사장과 장로들에게 주고 백성의 남녀와 유치(幼齒)와 성 안에 있는 외국인에게도 가르칠 것을 명했습니다.

왕은 이스라엘 역사에서 매우 중요한 직입니다. 왕은 하나님께서 선택하신 자여야 하고, 이방인은 이스라엘의 왕이 될 수 없습니다. 왕은 말(馬)을 많이 두지 말아야 하며, 은금에 의지하지 않고, 아내를 많이 둘 수도 없습니다(신17:14~20). 왕은 하나님의 율법을 복사하여 옆에 두고, 그 말씀을 따라 나라를 다스려야 합니다. 이는 왕의 통치가 자신의 기준이나 경험에 의하지 않음을 알 수 있습니다. 이 면이 이스라엘의 왕과 이방의 왕이 본질적으로 다른 부분입니다. 왕의 이러한 특징은 이스라엘이라는 나라의 정체성을 드러냅니다.

그래서 백성의 장로들이 '열방과 같은' 왕을 구했을 때에 사무엘이 매우 불쾌하게 생각하고 저어했던 것입니다. 하나님의 평가도 동일합니다. "그들이 너를 버림이 아니요 나를 버려 자기들의 왕이 되지 못하게 함이니라(삼상8:7)." 왕이 타락하는 것은 나라의 근간을 흔드는 일이기에 하나님의 심판이 반드시 있습니다.

사울은 말씀에 순종하지 않고 아말렉 왕 아각과 좋은 짐승을 남겼습니다. 사무엘은 아말렉을 진멸할 때, 남녀와 소아와 젖 먹는 아이와 우양과 약대와 나귀를 죽이라고 분명히 전했습니다(삼상15:3). 그러나 사울은 이 말을 경청하지 않았습니다. 그 일로 사울은 왕위에서 쫓겨났습니다(삼상15:26). 솔로몬의 범죄는 하나님의 왕국을 분리하는 결과를 초래했고, 여로보암의 통치는 하나님의 왕국을 범죄의 소굴로 만들었습니다. 아합은 하나님의 집에 우상을 들여 놓았고 그로 인해 피비린내 나는 선지자들의 죽음이 끊이지 않았습니다(왕상18:4,13). 그의 딸 아달랴는 유다 왕국에 시집갔고, 그로 인해 유다 왕국은 하나님의 말씀이 다스리는 왕국이 아니라 죄가 다스리는 왕국이 되었습니다. 히스기야와 요시야가 개혁운동을 주도했지만 이도 일시적이었습니다. 그러나 여기에서 한 가지 주목해야 할 것이 있습니다. 히스기야나 요시야의 개혁의 특징은 율법, 곧 하나님의 언약책을 따랐다는 사실입니다(왕하18:6, 23:2).

선지자는 하나님께서 하시고자 하는 일을 선포하는 자들입니다(창18:17). 아브라함도 선지자요, 모세도 선지자입니다. 그러므로 선지자는 여호와의 회의에 참여한 자들입니다(렘23:18). 선지자 직은 쉽게 타락할 수 있습니다. 그들은 거짓을 말할 수도 있었습니다. 그럴 때에 그들은 죽음의 형벌을 받습니다(신13:1~11). 그래서 하나님께서는 참 선지자와 거짓 선지자를 구별하는 법을 가르쳐 주셨습니다. "네가 혹시 심중에 이르기를 그 말이 여호와의 이르신 말씀인지 우리가 어떻게 알리요 하리라 만일 선지자가 있어서 여호와의 이름으로 말한 일에 증험도 없고 성취함도 없으면 이는 여호와의 말씀하신 것이 아니요 그 선지자가 방자히 한 말이니 너는 그를 두려워 말지니라(신18:21,22)."

왕들이 타락하여 나라의 정체성이 침해될 때, 하나님께서는 많은 선지자들을 부르시고 그들에게 말씀을 주셨습니다. 선지자들은 때때로 왕들과 대치되는 자리에 있기도 했습니다. 어떤 왕들은 선지자들의 충고를 받아들이기도 했고, 그렇지 않은 왕들도 많았습니다. 종국에는 하나님의 백성 전체가 악하게 되었습니다(렘7:25,26). 왕궁에 참 선지자보다 거짓 선지자가 더 많이 있을 때도 있었습니다. 북 이스라엘의 사마리아에 있는 선지자들은 바알을 의탁하여 예언했고, 예루살렘 선지자들 중에는 간음을 행하는 자들도 있었습니다(렘23:13,14).

구약의 세 직분은 하나님의 왕국의 정체성을 지키는 파수꾼입니다. 이들은 때로는 독립적으로 때로는 다른 직분자들과 함께 사역했습니다. 그러나 각각 맡은 분야가 달랐습니다. 하나님의 왕국은 세 직분의 충성스러운 섬김을 통해 유지되고 건설되었습니다. 어느 직분 하나도 필요 없는 것이 없습니다. 하나님의 왕국은 세 직분이 각각 온전하게 수행될 때 참다운 왕국의 모습을 드러냅니다. 이 직분들은 모두 그리스도의 그림자였습니다.

| 그리스도와 직분

"주는 그리스도시요"라는 베드로의 고백에서 알 수 있듯이 예수님께서 구약의 삼직을 모두 성취하셨습니다. 그렇다면 구약에 소개된 직분과 오늘날 교회의 직분 사이에는 아무런 관련이 없을까요? 그렇지 않습니다. 왕, 제사장, 선지자가 사라졌다고 해서 그들이 하던 사역이 사라진 것은 아닙니다. 구약적 방식은 사라졌지만 그 원리는 그대로 교회로 이어졌습니다. 교회 안에는 여전히 다스림이 있고 지킴이 있으며 하나님의 말씀으로 훈계하고 비밀을 드러내는 가르침이 있습니다. 단지 이러한 사역을 하는 직분의 변화가 있으며, 그 내용은 더욱 명료해졌습니다.

그리스도께서 구약의 삼직을 성취하셨다는 것은 우리 주님께서 참 왕이 되셔서 그 백성들을 다스리기 시작하셨고, 참 제사장이 되셔서 단번에 자신을 영원한 제물로 드림으로 희생 제사를 끝마치셨으며, 참 선지자가 되셔서 하늘의 비밀을 온전하게 보여주셨다는 뜻입니다. 그러므로 우리는 구약의 직분들을 통해 하나님께서 자기 백성들을 어떻게 이끄시며 보호하시고 양육하시는지를 배울 수 있습니다. 교회가 존재하는 한 직분은 항상 있습니다.

그렇다면 그리스도께서 완성하신 직분적 사역이 교회 가운데 어떤 방식으로 존재하게 되었습니까? 우선, 구체적 직분을 논하기 전에 그리스도께서 모든 직분의 근원이라는 사실을 알아야 합니다. 주님께로부터 직분이 주어졌기에 누구도 직분을 업신여기거나 소홀히 대할 수 없습니다. 직분은 위로부터 왔습니다. 우리 주님께서 제자들을 부르셨습니다. 그들 스스로 제자가 되지 않았습니다. 직분의 근원이 하늘이라는 사실은 직분의 영광스러움을 강조하며 그 직분의 수행에 있어서도 땅의 원리를 따르지 않음을 강조합니다. 즉 교회의 직분은 하늘의 권위를 대행하지만 그 권위를 행사하는 방식은 폭정이 아니라 섬김입니다.

구약의 삼직이 그리스도를 통하여 완성되었다는 의미는 계시의 완전성이라는 면에서 매우 중요합니다. 많은 사람들이 그리스도께서 참 왕, 제사장, 선지자였음을 말하고 듣습니다. 그러나 정작 이 주장이 갖고 있는 독특한 의미를 잘 이해하지 못합니다. 제사장, 왕, 선지자는 하나님의 뜻을 드러내는 수단이었습니다. 그러나 그들을 통해 드러난 계시는 제한적이었습니다. 그들은 하나님의 뜻을 완벽하게 드러내지 못합니다. 그러나 예수님께서 오셔서 세 직분을 완성하심으로 계시를 온전케 하셨습니다. 예수 그리스도를 통하여 모든 비밀이 드러났습니다. 감추어진 것은 더 이상 없습니다.

구약 시대에는 제사장을 통하여 구속의 도리와 율법의 의미를 계시하셨습니다. 그러나 이 계시는 불완전합니다. 그리스도께서 오셔서 이 계시를 완전하게 하셨습니다. 그리스도 자신이 참 제사장이 되셔서 구속의 도리를 온전히 드러내셨습니다. 왕을 통하여 하나님 나라의 통치가 어떻게 이루어지는지 계시하셨습니다. 이 역시 불완전한 계시였습니다. 그러나 우리 주님이시며 그리스도이신 예수님께서 진정한 왕이 되셔서 하늘의 통치의 비밀을 온전히 드러내셨습니다. 수많은 선지자들이 하늘 백성들의 삶을 지도하고 심지어 왕과 제사장들을 향하여 언약의 저주를 선언했지만 여전히 불완전했습니다. 그러나 그리스도께서 참 선지자가 되셔서 그의 백성들을 부르시고 바른 길을 보여주셨습니다.

그리스도께서 참 직분의 완성자라는 사실은 하늘의 비밀이 숨겨지지 않고 온전히 드러났음을 의미합니다. 이는 그리스도께서 그 비밀의 실체이시기 때문입니다(골1:27, 2:2). 계시의 종결자이신 그분으로부터 신약교회의 직분이 주어졌다는 것은 앞으로 이 직분들이 감당해야할 사역의 방향과 성격을 결정합니다. 예수님께서 제자들을 부르시고 그들을 사도라 하셨습니다(마10:1~10; 눅6:13).

사도들은 이방인이 아니라 이스라엘의 잃어버린 자들에게 먼저 가야합니다(마10:6). 그들은 다른 것을 전할 수 없습니다. 오직 하나님 나라를 전해야 합니다(마10:7). 마지막 사도인[46] 바울은 복음을 전하기 위해 천하를 다녔습니다. 그는 가장 먼저 이스라엘의 잃어버린 자들에게 갔습니다. 바울이 도시를 방문할 때마다 가장 먼저 어디로 갔습니까? 유대인의 회당입니다. 바울은 단 한 번도 이 원리를 바꾸지 않았습니다(행13:5,14, 14:1, 17:1,10, 18:4,19). 그가 유대인 회당을 방문할 때마다 무엇을 가르쳤습니까? 하나님 나라입니다. 천하의 마지막 종착지인 로마에서 바울은 2년 동안 하나님 나라를 전했습니다(행28:31).

동시에 사도들은 옛 언약백성들을 심판하고 새로운 백성을 부르실 때, 그들의 터가 되어야 했습니다(마19:28; 엡2:20). 사도들은 오순절 성령님의 오심 이후에 성(城)마다 다니면서 옛 언약백성들을 심

---

46) 바울은 그리스도의 부활을 목격한 사실을 강조하면서 야고보와 사도들을 말한 후에 "맨 나중에" 만삭되지 못하여 난 자 같은 내게도 보이셨다고 했습니다(고전15:8). 이는 자신의 겸손을 말하기도 하지만 자신이 계시의 마지막이라는 의미도 있습니다. 즉, 바울 이후에는 비밀을 본 자가 없다는 말입니다. 바울이 마지막 사도라는 사실도 이러한 맥락에서 이해해야 합니다.

판했습니다. 곧 유대인들에게 참 복음을 소개했고 그들 중에 복음을 받은 자들에게는 언약의 복을 선언했지만 복음을 받지 않는 자들에게는 영원한 형벌과 그동안 그들이 가졌던 언약의 특권이 사라졌음을 선언했습니다.[47] 복음을 받은 유대인들은 사도들이 전한 바로 그 말씀의 터 위에 교회로 세워졌습니다. 사도들은 복음을 전하므로 교회의 터가 되었습니다. 사도들의 특권은 여기까지입니다. 그래서 사도와 선지자를 임시직이라 합니다. 그렇다면 교회가 세워진 후에는 누가 교회를 돌보며 교회를 교회되게 합니까? 바로 신약의 직분자들인 장로와 집사입니다. 그래서 바울과 바나바는 자신들이 복음을 전한 도시들마다 장로들을 택했습니다(행14:23; 딛1:5).[48] 사도들은 각 성에 장로를 세웠습니다. 이 일이 사도들의 직무가 된 것은 매우 깊은 의미를 지닙니다.

예수님께서 사도들을 부르셔서 맡기신 사역을 정리해봅시다. ① 이스라엘의 잃어버린 자들을 찾음 ②하나님 나라를 전파함 ③옛 언약백성을 심판함 ④새 언약백성인 교회의 터가 됨 ⑤장로들을 세움. 사도들의 사역들을 나열해 보면, 여기에 하나님의 시간표가 너무나 명료하게 드러난다는 것을 깨닫습니다.

거대한 구원의 물줄기가 어디로 흘러갑니까? 모든 계시의 완성자이시며 종결자이신 그리스도께서 제자인 사도들을 부르셔서, 그 사

---

47) 예수님께서 하나님 나라의 도리를 가르치시면서 비유의 방식을 선택하신 이유를 요약하면, 은폐와 폭로라 할 수 있습니다. 그래서 이사야 6장을 인용하셨던 것입니다. 바울은 로마서 9~11장에서 옛 언약백성인 유대인들의 미래를 말하면서 이사야 6장을 인용했습니다. 바울은 로마서에서 옛 언약백성인 이스라엘이 언약의 특권을 상실할 것을 가르칩니다. 그리고 그것을 실제로 선포하는 일은 로마에서 입니다(행28:26~28).

48) 이 부분에 대한 더 자세한 가르침은 권기현, 『선교, 교회의 사명』 (경산: 도서출판 R&F, 2012) '제 3장, 장로들을 택하여 세우다'를 참고하세요.

도들을 통해 옛 언약백성(흔히 유대인들이라 불려지는)을 버리고 새 언약백성(교회)을 부르셨습니다. 그리고 그 새 언약백성인 교회에게 직분을 허락하셨습니다. 교회의 직분은 계시가 온전치 못했던 왕, 제사장, 선지자를 뛰어 넘어 하늘의 비밀인 그리스도를 이미 소유했고, 그분을 참 왕, 제사장, 선지자로 모시고 있으며, 그 계시의 빛으로 새로운 언약백성을 섬기는 직입니다.

| 목사와 장로

예루살렘 교회에 장로가 어떻게 존재하게 되었는지에 대한 정확한 정보는 없습니다. 성경은 매우 당연하다는 듯이 예루살렘 교회의 장로들을 언급합니다(행11:30, 15:2). 이는 교회에 장로 직분의 존재를 따로 설명할 필요가 없었다는 뜻으로 이해합니다. 성경에서 장로는 매우 오래 전부터 있었습니다. 이스라엘 백성들이 애굽에 있을 때에도 장로들이 있었습니다(출3:16). 구약에 등장하는 장로들이 신약의 장로들과 어떤 연결점이 있는지 정확하게 알 수 없습니다.

장로에 대한 신약성경의 가장 대표적인 가르침은 디모데전서 5:17입니다. "잘 다스리는 장로들을 배나 존경할 자로 알되 말씀과 가르침에 수고하는 이들을 더할 것이니라." 디모데전서는 "잘 다스리는 장로들"을 언급하면서 "말씀과 가르침에 수고하는 이들"이라 했습니다. 우리는 여기에서 두 장로가 있음을 알 수 있습니다. 곧 말씀을 가르치는 장로인 목사와 다스리는 장로입니다.

예루살렘 교회가 출현하고, 이어서 스데반의 핍박을 계기로 성도들이 여러 도시로 흩어졌습니다. 그 결과 각 도시마다 교회가 세워졌습니다. 할례 문제로 어려움이 생겼을 때 안디옥 교회에서는 대표자를 예루살렘에 파송하였습니다. 안디옥 교회가 누구에게 대표자를 보냈습니까? 바로 예루살렘에 있는 사도와 장로들에게 입니다. 이로 보건대, 예루살렘 교회의 장로들은 사도들과 함께 교회의 중요한 지도자로 받아들여졌습니다. 실제로 이방인 교회를 위해 중요한 결정을 한 예루살렘 공의회는 사도와 장로들로 구성되었습니다(행15:6,22).

베드로와 요한은 자신을 스스로 장로라 부르기도 했습니다(벧전5:1; 요이1:1; 요삼1:1). 사도가 스스로를 장로라 한 것은 이들이 가르치는 사역과 치리하는 일을 모두 행했기 때문으로 이해됩니다. 바울은 각 성에 장로들을 세웠습니다(행14:23). 디모데는 장로들의 회에서 안수를 받았습니다(딤전4:14). 바울은 에베소의 장로들을 향하여 '감독자'라 했습니다(행20:28).

장로는 감독자이며 이들은 목사와 다스리는 장로로 그 사역이 구분됩니다. 코넬리스 반 담(Cornelis Van Dam)은 두 장로의 사역의 차이를 말하면서 구약의 제사장들의 사역이 신약에 등장하는 가르치는 장로에게로 이어졌다고 했습니다. 그러면서 한 장로가 아니라 두 장로가 있었다고 주장합니다. 곧 한 직분이 아니라 두 직분으로 이해하는 것이 구약성경의 전반적인 지지를 받는다고 했습니다.[49]

어찌되었든지 신약교회는 가르치는 장로인 목사와 다스리는 장로를 모두 직분자로 모셨으며 두 직분 모두 감독자라 불렀습니다. 이

---

49) 코넬리스 반 담, 『성경에서 가르치는 장로』, 169.

두 직분에는 공통된 사역, 곧 목자로서 양 무리를 돌보는 일이 있습니다. 베드로 사도는 장로들을 향하여 "하나님의 양 무리를 치라" 했고, "양 무리의 본이 되라"고도 했습니다(벧전5:2,3). 가르치는 장로인 목사나 다스리는 장로나 모두 양 무리의 본이 되어야 하며, 양 무리를 돌봐야합니다. 그리하여 목사와 장로는 성도를 온전케 하며 봉사의 일을 해야 합니다(엡4:12). 목사는 말씀으로 양 무리를 잘 먹여야 합니다. 장로는 목사가 주는 꼴(먹이)을 양 무리가 어떻게 먹고 자라는지를 살펴야합니다. 그러므로 목사와 장로는 경쟁관계가 아니라 신뢰와 협력의 관계입니다. 여기에는 계급적 서열이 없습니다. 오직 하나님의 백성들을 섬기는 일에 함께 참여할 뿐입니다.

또한, 목사와 장로는 거짓 교사들로부터 양 떼를 보호해야 합니다. 바울은 에베소 교회의 장로들에게 특별히 이 역할을 강조했습니다(행20:29). 신약교회에 보편적으로 나타나는 현상은 거짓 복음이 교회를 공격한다는 사실입니다(행15:1; 갈1:8). 목사와 장로, 곧 당회는 다른 복음으로부터 교회를 파수해야 합니다. 흉악한 이리가 교회를 공격하지 못하도록 힘써야합니다. 그러니 장로도 목사에 버금가도록 성경 말씀을 깊이 이해해야 함이 너무도 자명합니다.

무엇보다도 목사와 장로는 교회의 정체성을 분명히 해야 합니다. 옛 언약백성이 하나님으로부터 언약의 저주를 받음으로 새 언약백성인 교회가 출현했습니다. 이로써 옛 언약백성에게 주어졌던 제사장 나라와 거룩한 백성으로서의 사명과 특권이 교회에게로 이양되었습니다. 그 사명과 특권을 교회 가운데 더욱 분명하게 하는 일이 교회의 정체성입니다. 우리가 2장에서 몇몇 본문을 통해 살펴본 그 교회의 본질을 온전하게 하는 것이 바로 목사와 장로의 직무입니다. 직분은 교회를 교회되게 하는 도구입니다. 직분은 교회의 본질을 견고하게 해야 하며 말씀과 성례와 권징을 유지시키고 선교와 교회연합과 예배를 풍성케 해야 합니다. 또한 성도의 교제를 감독하고 증진시키며 성도들이 신앙고백을 따라 살 수 있도록 고취시켜야 합니다.

이제 목사와 장로의 자격에 대해 생각하겠습니다. 목사나 장로는 하고 싶은 마음 따라 누구나 되는 것이 아닙니다. 칼빈 선생은 사도행전 14:23의 "장로들을 택하여"라는 구절을 해석하면서 '택하다'는 말이 '손을 들어 투표하다'라는 의미라고 했습니다.[50] 여기에서 우리는 교회의 부르심이 매우 중요하다는 것을 깨닫습니다. 우리는 이를 외적소명이라 합니다.[51] 목사도 그러하고 장로도 그러합니다. 온 교회의 동의가 없이는 목사도 장로도 될 수 없습니다.

교회는 어떤 이들을 목사와 장로로 세워야 합니까? 디모데전서 3:1~7은 목사와 장로의 자격을 자세히 기술했습니다. "그러므로 감독은 책망할 것이 없으며 한 아내의 남편이 되며 절제하며 근신하며 아담하며 나그네를 대접하며 가르치기를 잘하며 술을 즐기지 아

---

50) 존 칼빈, 『기독교 강요』, 4.3.15.

51) 오늘날 당회가 신학 입학생을 추천하는 일은 매우 성경적입니다. 그러나 한국 교회의 상당수가 이 부분에 약점을 갖고 있는 것이 사실입니다. 목회자로서의 부르심이 없는 어떤 성도가 추천을 요구할 때, 한 교회 안에서 오랫동안 형성된 관계나 그 외의 사정으로 인해 추천하는 경우가 종종 있습니다. 또 본인의 강력한 요구 때문에 어쩔 수 없이 허락하는 경우도 있습니다. 어느 경우이든지 당회는 교회로부터 위임받은 천거의 권한을 함부로 남용하지 말아야 합니다. 목회자 지망생이 되기 위해서는 먼저 좋은 성도가 되어야 하며, 고매한 인격과 신학을 공부할 수 있는 학문적 능력도 갖추어야 합니다. 당회는 무엇보다도 온 교회가 이 사람에게 목회자로서의 자질이 있음을 인정하는지 확인한 연후에 추천해야 합니다.

니하며 구타하지 아니하며 오직 관용하며 다투지 아니하며 돈을 사랑치 아니하며 자기 집을 잘 다스려 자녀들로 모든 단정함으로 복종케 하는 자라야 할지며(사람이 자기 집을 다스릴 줄 알지 못하면 어찌 하나님의 교회를 돌아보리요) 새로 입교한 자도 말지니 교만하여져서 마귀를 정죄하는 그 정죄에 빠질까 함이요 또한 외인에게서도 선한 증거를 얻은 자라야 할지니 비방과 마귀의 올무에 빠질까 염려하라."

이제 목사와 장로의 섬김을 구체적으로 살펴봅시다. 목사는 가르치는 직분이기에 하나님의 말씀에 능통해야 합니다. 영생의 책인 성경을 바르게 이해하지 못하면서 목사가 되는 것은 불가능합니다.[52] 이 면은 아무리 강조해도 지나치지 않습니다. 생명의 양식인 말씀을 양떼들에게 먹이는 일은 다른 어떤 일보다 요긴합니다. 목사가 말씀을 준비하는 시간보다 다른 잡다한 일로 바쁘게 되면 성도들의 배를 말씀이 아닌 다른 것으로 채우는 삯꾼이 될 가능성이 높습니다.

당회는 항상 목사의 말씀 사역을 살펴야 합니다. 먼저, 목사가 부지런히 말씀을 준비할 수 있는 환경을 조성해야 합니다. 한 주간에 열 번 혹은 그 이상의 설교는 목사의 말씀 사역을 부실하게 합니다. 설교와 그에 필요한 도구들을 적절히 제공해야 합니다. 도서비와 연구기간의 확보, 일상생활에 필요한 편의를 제공하는 일 등등.[53]

---

52) 성경을 기본적으로 어떻게 이해하며, 어떻게 설교해야 하는가에 대해서는 다음 장인 교회의 표지 중 "말씀" 부분에서 더 깊이 다룰 것입니다.

53) 바른 말씀 사역을 위하여 목사에게 정기적인 연구기간을 제공하는 것은 꼭 필요한 일입니다. 연중 1~2개월 동안 설교를 쉬고 교회가 요청한 특정분야를 연구하거나 전문가에

목사의 생활을 책임지는 일은 교회의 몫입니다. 디모데전서 5:17에서 "말씀과 가르침에 수고하는"이라 할 때, 여기 '수고'는 탈진할 정도의 격렬한 노동이라는 의미입니다. 이 노동에 대하여 정당하게 보상해야 함을 두 구약 본문을 인용하여 적시했습니다(딤전5:18).[54]

목사의 말씀 연구가 중요한 또 다른 이유는, 목사의 사역이 성도들의 삶을 해석하고 교회와 시대를 해석하는 역할을 하기 때문입니다. 이러한 목사의 직무가 건강하고 바르게 실행되려면 설교 준비 외에 성도들의 삶의 영역과 교회와 시대 전반에 대한 성경적 연구가 필수적입니다. 그러므로 목사의 말씀 연구를 위한 환경을 조성하는 것이야말로 교회가 감당해야 할 중요한 책무입니다. 또한 목사는 성도들의 삶 전반과 교회에 대한 다양한 문제들에 대한 성경적 원리에 정통해야 합니다.

당회는 목사의 설교가 보편교회의 신앙고백에 혹 위배되지는 않는지도 살펴야합니다. 아무리 실력 있는 목사라도 인간이기에 실수할 수 있습니다. 교리적으로 잘못된 가르침을 할 수 있습니다. 개

게 부탁하여 강의를 듣는 것도 요긴합니다. 어떤 교회들은 6년의 사역 뒤에 1년의 안식년을 통해 충전과 쉼의 시간을 주기도 합니다. 한국 교회는 목회자들의 세미나 참석이 보편화 되었습니다. 이는 때때로 좋은 교육과 재충전의 기회이기는 하지만 한 가지 문제를 집중적으로 연구하는 데는 모자람이 많습니다. 예를 들면 '성도와 교회는 세속 정치에 어떻게 참여해야 할 것인가?'라는 질문을 교회로부터 받았을 때, 이는 며칠의 세미나 참여로 해소되지 않는 것입니다. 보편교회가 어떤 가르침을 주었는지 정리하는 일만 해도 상당한 시간이 요구됩니다.

54) 신명기 25:4과 마태복음 10:10을 인용한 이 본문은 목사들의 사역의 성격을 잘 알려줍니다. 신명기 25장은 형수취수제와 연결되어 있습니다. 이는 형수취수제가 언약의 계승을 위해 행해졌던 것처럼 신약의 목사직이 그와 동일한 사역을 하고 있음을 의미합니다. 즉, 목사는 자녀가 없는 가정에 자녀를 생산케 하는 일을 합니다. 목사가 맡은 말씀은 새로운 성도를 탄생시킵니다. 또한 마태복음 10장은 예수님께서 제자들을 부르시면서 하신 말씀입니다. 사도들의 사역과 목사들의 사역이 원리적 측면에서 동일합니다. 즉, 하나님 나라를 전파하며, 언약의 복과 저주를 선포하는 일입니다.

혁신학을 추구하는 장로교회의 신앙고백과 배치되는 설교를 할 수도 있습니다. 그때 당회는 목사의 설교 중 오류가 있는 부분을 교정해야 합니다. 물론 이는 매우 절제되고 정제된 가운데 당회원들 사이에서만 이루어져야 합니다. 만약 당회원들 중 누군가가 당회에서 주고받은 대화 내용을 다른 성도들에게 알린다면, 이는 당회 스스로 당회의 권위를 떨어뜨리는 꼴이 됩니다.

목사가 말씀 사역자라는 사실은 교회에서의 가르침이 항상 목사직에 한정되어 있음을 의미합니다. 가르치는 사역은 목사의 고유한 봉사영역입니다. 누구도 이 영역을 침해할 수 없습니다. 그래서 개혁교회는 목사가 강단을 비울 경우 미리 설교문을 작성하여 당회에 제출하고 당회원 중 한 분이 그 설교를 대독합니다. 목사의 설교권은 그만큼 중요합니다.

오늘날 한국 교회의 강단에 목사 아닌 다른 사람들이 서 있는 것을 종종 봅니다. 이는 교회의 타락이며 강단의 타락입니다. 심지어 주일학교 학생들을 가르치는 교사들의 성경공부도 목회자의 지도 아래 이루어져야 합니다. 성경은 목사에게 가르치는 직무를 주었다고 합니다. 목사가 가르치는 사역 외에 잡다한 행정적인 일을 하거나 심방을 지나치게 많이 하는 것에는 문제의 소지가 있습니다. 심방은 특별한 경우 목사가 해야 될 중요한 일이기는 하지만 기본적으로 이 일은 장로에게 맡겨졌습니다.

장로직은 한국 교회에서 가장 많이 점검 되어야 할 부분입니다. 필자의 주위에는 정말 신실하고 존경 받는 장로님들이 많습니다. 그분들의 삶이 그러하고, 가르침이 그러했습니다. 그러나 아쉬움도 많습니다.

　다스리는 장로의 가장 큰 책무는 복음이 순전하게 설교되고 거짓된 교훈이 교회 안에 침투하지 못하도록 보호하는 것입니다(딛 1:9~11).[55] 그러기 위해 장로 스스로 말씀에 깊은 조예가 있어야 합니다. 모든 삶의 기준인 성경을 바르고 깊게 이해하지 못하면 장로로서 자격 상실입니다. 선한 의미에서 목사의 설교를 감독하는 일도 해야 하는데, 성경을 잘 모른다는 것은 실로 위험천만한 일이 아닐 수 없습니다.

　또한 성도들 가운데 목사의 가르침에 반하는 생각을 가진 이들을 교정하고 훈계해야 합니다. 장로는 성도들이 목사의 설교를 따라 어떻게 살아가는지, 성도들이 그 말씀을 자녀들에게 신실하게 가르치고 있는지 감독해야 합니다. 이 면에서 장로의 심방은 절대적으로 중요합니다. 물론 목사와 장로가 함께 하는 정기적인 심방도 무척 중요합니다. 하지만 목사가 가르침에 주력하는 직이라면, 장로는 그 가르침이 삶의 현장에서(세상과 교회 모두에서) 어떻게 시행되고 뿌리를 내리며 열매를 맺는지를 살피는 직입니다. 그러므로 목사와 장로는 경쟁관계가 아니라 서로 깊은 유기적 관계를 형성해야 합니다. 더불어 규칙적으로 각 가정을 심방하는 일이야 말로 장로의 가장 중요한 직무입니다. 칼빈은 장로들이 일반 직업에 종사하면서 이 일을 감당하기가 어려워 1년 동안만 봉사하게 했습니다. 지금도 개혁교회는 장로가 3,4년 봉사한 후에 1년을 쉬고 그 후에 다시 봉사할 수 있도록 제도화되어 있습니다.[56]

---

55) 코넬리스 반 담, 『성경에서 가르치는 장로』, 224.

56) 허순길, 『개혁해 가는 교회』, 50.

양 무리를 돌보는 일에는 수고와 땀이 필요합니다. 바울은 에베소 교회 장로들에게 "내가 삼 년이나 밤낮 쉬지 않고 눈물로 각 사람을 훈계하던 것을 기억하라(행20:31)" 했습니다. '밤낮 쉬지 않고'라 했고, '눈물'이라 했으며, '훈계하던'이라 했습니다. 교회에는 항상 새로운 성도들이 탄생합니다. 그리고 그 성도들은 좋은 양육을 통해 자라야 하며 나아가 성인이 되어 훌륭한 지도자로 열매 맺는 삶을 살게 해야 합니다. 바로 이 일이 목사와 장로에게 맡겨졌습니다. 장로는 밤낮 쉬지 않고 눈물로 훈계하여 성도들을 양육하고 모으며 인도해야 합니다. 이 면에서 목사와 장로의 모임인 당회는 성도들의 전체 삶을 살핀 후에 그것을 기초로 대화를 해야 합니다. 당회는 행정적인 일을 처리하는 기관이기도 하지만, 무엇보다 성도들의 신앙 전반을 감독하는 일이 당회의 가장 중요한 기능입니다.

우리는 목사와 장로의 기본적인 직무에 대해 살펴보았습니다. 이제 한국 교회 안에 자리 잡은 아주 좋지 못한 생각 하나를 점검하려 합니다. 장로는 교회의 대표자이고 목사는 교회의 청빙을 받으니 고용인이라는 생각입니다. 이는 교회에 대한 몰이해에서 비롯된 것입니다. 목사를 청빙하는 절차와 빈번한 사역지 이동이 이런 오해를 낳았습니다. 곧 장로는 평생 한 교회에서 섬기니 교회의 대표처럼 이해하고, 목사는 이리저리 옮겨 다니기 때문에 고용인으로 착각합니다. 장로나 목사나 투표라는 절차를 거칩니다. 그런데 장로는 성도들 가운데 있는 사람을 선출하고, 목사는 자기 지역교회가 아닌 다른 곳에 있는 분을 모시는 형식입니다. 바로 이러한 절차가 오해를 낳았습니다. 그러나 성경은 목사와 장로가 한 지역교회를 이루는 한 몸의 지체들이라 가르칩니다. 디모데는 더베와 루스드라 지역 사람입니다(행16:1,2). 하지만 그는 후에 에베소 교회에서 목회했습니다. 에베소 교회의 성도들이 생각하기를, '디모데는 갈라디아 지역 출신으로 우리가 청빙하여 여기에서 봉사하니 우리와 한 몸 된 지체가 아니다'라고 했을까요? 목사와 장로를 지역교회와 떨어진 어떤 직분으로 설명하는 일은 성경 어디에도 없습니다.

성도들은 목사와 장로의 삶을 따라 가는 자들입니다. 히브리서 13:7에서 "하나님의 말씀을 너희에게 이르고 너희를 인도하던 자들을 생각하며 저희 행실의 종말을 주의하여 보고 저희 믿음을 본받으라"라고 했습니다. 여기 "저희 행실의 종말을 주의하여 보고"라는 말은 무슨 뜻입니까? 말씀을 가르치고 인도하던 이들은 그 말씀 때문에 모두 순교하거나 고난의 삶을 살았습니다. 바로 이러한 삶을 따라 가라는 뜻입니다. 교회는 직분자들의 삶을 따라갑니다. 동시에 직분자들이 즐거움으로 봉사하게 해야 합니다(히13:17).

| 집사

"개혁교회는 한 교회의 장로의 수가 12명이면 집사의 수는 3명 혹은 4명이 되어 장로, 집사의 비율이 3:1에 미치지 않는다"는[57] 글을

---

57) 허순길, 『개혁해 가는 교회』, 52. 필자가 처음 이 글을 읽은 것은 '기독교보'를 통해서였습니다. 당시 신학대학원에서 공부하던 중 매 주말마다 발행되는 교단지인 '기독교보'를 기다리는 일이 큰 즐거움이었던 기억이 지금도 생생합니다. 허 박사님의 짧은 글은 단순히 개혁교회의 생활을 소개받는 수준에서 머물지 않았고 교회를 더 깊이 연구하고 이해하는 계기가 되었습니다.

읽었을 때의 충격이 아직도 생생합니다. 많은 집사님들을 보며 자랐던 저에게는 이 글이 의아하게 느껴졌습니다. 바울과 디모데는 빌립보 교회에 편지를 쓰면서 성도들뿐만 아니라 집사들을 수신자로 했습니다(빌1:1). 집사(διάκονος)라는 말은 '섬기는 자', '하인' 혹은 '일꾼'이라는 뜻입니다(마20:26; 요2:5; 고후 3:6; 엡3:7).

사도행전 6장에서는 구제하는 일 때문에 예루살렘 교회에 어려움이 있었고 이를 담당할 사람을 뽑았습니다. 그때, 사도들은 구제하는 일을 "공궤를 일삼는"이라 했습니다(행6:2). '공궤를 일삼는(διακονεῖν τραπέζαις)'은 문자적으로 '식탁에서 섬긴다'라는 뜻입니다. 전통적으로 집사의 기원을 이 말씀에서 찾습니다. 그래서 사도행전 6장에 등장하는 일곱 사람을 흔히 집사라 부릅니다. 물론 성경에는 이들을 직접적으로 집사로 부르지는 않았습니다.

공궤하는 사역은 단순한 구제가 아닙니다. 흔히 가난한 이들을 돕는 것이 어떤 형제애의 발로(發露) 정도로 이해하는 경향이 있습니다. 이러한 이해는 구제가 갖는 구속사적 의미를 약화시킵니다. 오순절 성령님께서 임하신 후에 예루살렘 교회가 출현했고, 그 교회의 모습 속에 "모든 물건을 서로 통용하고 또 재산과 소유를 팔아 각 사람의 필요를 따라 나눠 주"는 것이 있었습니다(행2:44,45). 바울은 이를 교회와 교회 간의 사안으로 확대하여 평균케 하는 것이라 했습니다(고후8:13,14). 그러면서 그 기원을 광야의 만나 공급에 두었습니다. 이것은 무엇을 의미합니까? 만나는 광야교회의 본질을 이해하는 한 방편입니다. 교회는 하나님께서 먹이시고 입히시며 보존시키십니다. 만나는 이를 극적으로 보여줍니다. 그래서 예수님께서 사단으로부터 시험을 받을 때, 사람이 떡으로만 사는 것이 아니라 하나님의 말씀으로 산다 하셨습니다(마4:4).

이러한 바탕 위에 바울은 '평균'이라는 표현을 사용했습니다. 평균이라는 말은 골고루 나누었다는 뜻입니다. 이는 교회의 본질입니다. 많이 가진 자나 적게 가진 자나 모두 한 하나님으로부터 먹고 마신다는 뜻입니다. 한 몸이라는 말씀입니다. 옛 언약백성에게 주어진 법 중에는 약자를 보호하며 모든 하나님의 백성들이 한 형제, 한 자매임을 보여주는 것이 많습니다. 배상법, 추수와 관련된 법들, 심지어 제사법 중에도 가난한 자들을 위하여 다양한 짐승을 언급했습니다. 그래서 십계명의 요약이 하나님 사랑, 이웃 사랑인 것입니다.

오순절 성령님의 오심을 통하여 이 이웃 사랑의 법은 유무상통의 모습으로 완성되었음이 명확해졌습니다. 이는 교회가 더 이상 땅의 공동체가 아니라 하늘의 공동체라는 선언입니다. 뜻이 하늘에서도 이루어진 것처럼 땅에서도 이루어졌습니다. 집사들의 구제는 교회가 땅 위에 아로새겨진 하늘나라임을 드러내는 강력한 증거이며 동시에 고백입니다.

이러한 의미를 갖는 구제는 집사들에게 맡겨졌습니다.[58] 이는 물

---

58) 우리는 집사의 구제를 생각하면서 교회의 구제 범위를 분명하게 해야 합니다. 교회의 구제는 동일한 신앙을 소유한 교회이며 성도들입니다. 마게도냐 교회가 예루살렘 교회를 위하여 행한 연보가 여기에 포함됩니다. 한국 교회는 같은 신앙을 소유한 교회나 성도뿐만 아니라 세상을 위한 구제에도 열심입니다. 세상에서 가난하고 소외된 자들을 돌보는 일은 매우 중요하며 꼭 필요합니다. 그러나 믿지 않는 자들의 구제는 교회의 몫이 아니라 성도들 각자의 영역으로 제한하는 것이 개혁신학의 가르침입니다. 개혁신앙을 가진 성도들은 자발적으로 이러한 사역을 성실히 감당합니다. 교회의 영역과 성도 개인의 영역을 이렇게 구분하는 원리를 한국 장로교회도 속히 정립할 수 있어야 합니다. 또한 교회가 행하는 구제는 더 거룩하고 성도들이 설립한 NGO단체가 행하는 구제는 거룩하지 못하다는 이원론적 생각도 경계해야 합니다. 이는 교회 본연의 직무에 충실케 함으로 교회됨을 유지하는 방편입니다.

질적인 영역만을 의미하지 않습니다. 물질이 부족한 성도들도 있지만 정신적으로 어려운 성도들도 많습니다. 자녀들 없이 홀로 사시는 분들, 부모 없이 살아가는 어린이들과 청소년들, 병든 자, 위로가 필요한 성도들. 이 모두가 집사의 섬김의 대상들입니다. 이런 중요한 사역을 담당할 집사들은 어떤 자격을 갖추어야 할까요?

디모데전서 3:8~13은 집사의 자격에 대해 매우 상세하게 소개했습니다. "이와 같이 집사들도 단정하고 일구이언을 하지 아니하고 술에 인 박이지 아니하고 더러운 이를 탐하지 아니하고 깨끗한 양심에 믿음의 비밀을 가진 자라야 할지니 이에 이 사람들을 먼저 시험하여 보고 그 후에 책망할 것이 없으면 집사의 직분을 하게 할 것이요 여자들도 이와 같이 단정하고 참소하지 말며 절제하며 모든 일에 충성된 자라야 할지니라 집사들은 한 아내의 남편이 되어 자녀와 자기 집을 잘 다스리는 자일지니 집사의 직분을 잘한 자들은 아름다운 지위와 그리스도 예수 안에 있는 믿음에 큰 담력을 얻느니라."

| 어우러진 직분의 봉사를 꿈꾸며

종교개혁자 칼빈은 교회의 직분을 목사, 장로, 집사, 교사로 구분했습니다. 교사는 목사들을 가르치는 일종의 신학교수로 이해할 수 있습니다. 장로교회는 칼빈의 가르침을 따라 교회의 직분을 이해합니다. 교회는 질서를 따라 섬겨야 합니다(고전14:40). 세 직분에 차등이 없습니다. 단지 기능의 차이 밖에 없습니다. 세 직분이 온전하게 수행될 때 바른 교회가 세워질 것입니다.

목사는 말씀을 잘 가르치기 위해 온 힘을 쏟아야 합니다. 장로는 목사가 가르친 말씀을 따라 성도들이 생활할 수 있도록 격려하고 권계하며 인도해야 합니다. 집사는 교회 안에 소외된 성도가 없게 해야 합니다. 서로에게 주어진 각자의 직분에 충실할 때, 교회는 교회다워집니다.

직분자는 굳게 닫힌 에덴동산의 문을 활짝 열어 방황하는 하늘 백성들을 향하여 너희의 집이 여기라 소리 높여 외치는 자들입니다. 직분자는 동산에 지천으로 널려 있는 푸른 채소와 달콤한 과일로 양 무리를 먹이는 자들입니다. 직분자는 버려져 녹슨 연장들을 갈고 닦아 하나님의 집을 새롭게 단장하여 지치고 피곤한 이들을 편히 쉬게 하는 자들입니다. 그리하여 하늘 백성들이 목청껏 영광의 찬송을 부르게 합니다.

1. 직분론을 바르게 이해해야 하는 이유는 무엇입니까?

2. 아담의 직분적 사역("다스리며 지키게 하시고")을 설명해봅시다.

3. 구약의 세 직분의 기능과 역할은 무엇입니까?

4. 그리스도께서는 구약의 세 직분을 어떻게 완성하셨습니까?

5. 그리스도께서 사도들에게 맡기신 사역의 의미는 무엇입니까?

6. 디모데전서 5:17에서 장로를 어떻게 구분하고 있습니까?

7. 목사와 장로와 집사의 직무에 대하여 설명해봅시다.

8. 우리가 속한 교회에는 직분의 봉사가 잘 어우러져 있는지 함께 나누어 보고 기도합시다.

~

4

교회의 표지

4

교회의 표지

    교회의 표지는 한국 그리스도인들에게 숨겨진 내용일까요? 성도들을 만날 때마다 '교회의 표지가 무엇입니까?'라고 물어보았습니다. 대부분의 경우 매우 곤혹스런 얼굴로 얼버무립니다. 마치 대단히 어려운 신학적 질문을 받은 것처럼 반응하는 모습을 보면 절로 탄식이 나옵니다. 종교개혁의 후예라 자처하는 개신교인들의 저급함에, 염려를 넘어 알 수 없는 분노에 휩싸입니다.

    웨스트민스터 신앙고백은 다음과 같이 가르칩니다. "천하에서 지극히 순수한 교회라 하더라도 혼합과 오류에서 벗어날 수 없다. 더러는 그리스도의 교회임을 멈추고 사단의 회(會)가 될 정도로 타락하였다(25장 5항)."

    우리의 신앙고백서는 교회의 연약함을 말할 뿐만 아니라 어떤 경우에는 교회가 아닐 수 있음을 가르칩니다. 이는 더 순수한 교회와 덜 순수한 교회의 구분이 아니라 참과 거짓의 구분만 있을 뿐임을 강조합니다. 벨직 신앙고백은 한 걸음 더 나아가 어떤 경우에 교회가 사단의 회가 될 수 있는지 제시했습니다. 곧, 바른 말씀 선포, 순수한 성례의 집행, 정당한 권징의 시행이 이루어지는 교회는 참 교회이며, 이것이 없으면 거짓 교회, 곧 사단의 회라 했습니다(벨직29장).

교회의 표지는 종교개혁의 유산입니다. 종교개혁을 예수님께서 가르치신 초대교회로의 회복으로 이해한다면, 개혁자들이 주장한 교회의 표지야말로 참 교회와 거짓 교회를 구별하는 중요한 시금석이 됩니다.

성도라면 누구도 자신이 속한 교회가 참 교회이기를 바라지 않는 이는 없습니다. 그렇지만 많은 성도가 참 교회를 구분하는 기준에 결함을 지니고 있습니다. 교회가 민주적인 절차를 따라 움직이면 참 교회입니까? 교회가 정이 많으면 참 교회입니까? 주일 오전 예배에 출석하는 신입교우들을 친절하고 상냥하게 맞으면 참 교회입니까? 가난한 이웃들을 많이 구제하면 참 교회입니까? 그렇지 않습니다. 참 교회는 교회의 표지가 풍성한 교회입니다.

물론, 우리는 교회의 표지와 속성을 구분합니다. 표지가 참과 거짓을 구별하는 기준이라면 속성은 이미 이루어진 교회의 특성입니다. 그러니 속성은 성경이 제시하는 교회의 특성을 더욱 명료하고 분명하게 하면 됩니다. 그러나 표지는 없어서는 안 되는 것입니다. 표지가 없으면 그 교회는 더 이상 교회가 아닙니다. 교회의 표지는 참 교회의 기준입니다.[59]

칼빈 선생은 말씀과 성례를 교회의 표지라 했습니다(『기독교 강요』, 4.1.10). 그렇다고 해서 그가 권징을 폄훼한 것은 아닙니다. 기독교

---

59) 최근 한국 교회에 유행처럼 번진 건강한 교회운동은 교회의 표지에 대한 무지와 이해 부족에서 왔습니다. 마치 기업의 건강도를 점검하듯이 리스트를 만들어 교회를 판단하는 행위는 교회를 기업처럼 만드는 일입니다. 개혁신학을 기초로 출발한 장로교회는 이미 교회의 속성과 표지를 통해 건강한 교회의 길을 열어 놓았습니다. 우리는 이를 가장 성경적인 가르침으로 받습니다. 교회가 교회다워지려면, '두 날개'를 노래해야 할 것이 아니라 교회의 표지를 살펴야 합니다. 후배 목사님들께서 종종 "어떻게 목회하면 됩니까?"라고 질문할 때마다 교회의 표지를 따라 목회하면 된다고 조언합니다. 다른 멋진 방법은 없습니다.

강요에서 알 수 있듯이 권징을 말씀에 포함하여 설명했습니다. 벨직 신앙고백과 스코틀랜드 신앙고백(18장)은 말씀, 성례, 권징을 교회의 표지로 제시했습니다.

말씀과 성례는 교회의 표지이기도 하지만 더 근원적으로 은혜의 방편입니다.[60] 하나님께서는 말씀을 통하여 당신의 백성들을 부르시고 그 백성들을 양육하시며, 보존하시고 영화롭게 하십니다. 성례는 눈에 보이는 말씀입니다. 교회의 표지는 영광의 찬송이 따라올 수밖에 없는 고백입니다. 예수님께서 승천하시기 전, 세례를 주면서 가르치면서 제자를 삼으라(교회를 세우라) 하셨습니다(마 28:19,20).[61] 세례와 말씀사역(가르치면서)은 교회를 세우는(제자 삼으라) 방편입니다. 오순절에 성령님께서 강림하신 후에 이 일은 사도들을 통하여 이루어졌습니다. 사도들은 말씀과 성례로 교회를 세웠습니다. 그래서 말씀이 흥왕하면 교회도 흥왕합니다(행6:7, 12:24, 19:20).

| 바른 말씀 선포

종교개혁의 전통에서 말씀은 천국의 열쇠입니다(마16:19). 강단은

---

60) 유해무, 『개혁교의학』(경기: 크리스챤다이제스트, 1997)은 말씀과 성례와 기도를 은혜의 방편으로 설명한 후에(『개혁교의학』, 501~530), 교회의 표지에서 다시 말씀과 성례를 다룹니다(『개혁교의학』, 560~562). 이는 말씀과 성례가 교회의 표지라고 가르치는 종교개혁의 전통을 존중하면서, 말씀과 성례에 더 근원적이며 적극적인 의미도 함께 지니고 있음을 잘 보여줍니다.

61) 이 부분에 대한 자세한 가르침은 권기현,『선교, 교회의 사명』, 제 1장을 참고하시기 바랍니다. 특별히 본문의 번역과 의미를 해석한 부분(pg.19~20)을 정독할 것을 권합니다.

이 천국의 열쇠를 사용하는 공적인 장소입니다. 매 주일마다 설교자는 하나님 나라를 열어 그 나라의 곳간에 있는 신령한 양식과 음료를 성도들에게 제공합니다. 동시에 패역하고 불순종하는 자들에게는 하늘 문을 닫아 양식을 먹지 못하게 함으로 굶주림의 고통과 불순종의 마지막이 영원한 형벌임을 선언합니다.

하나님께서는 당신의 뜻을 여러 세대에 여러 가지 방법으로 계시하셨습니다(히1:1,2). 그리스도께서 최종적으로 그 백성들에게 계시하셨습니다. 삼위 하나님께서는 여러 사람의 손을 빌어 한 권의 책을 인류에게 선물로 주셨습니다. 성경입니다. 곧 하나님의 말씀입니다. 사람들의 손을 통해 기록되었다고 해서 성경을 인간의 저술로 이해해서는 안 됩니다. 성경은 하나님의 감동으로 기록되었습니다(딤후3:16). '하나님의 감동으로'라는 말은, 문자적으로 말하면, '하나님의 호흡으로'라는 뜻입니다. 이는 성령 하나님께서 인간 저자들의 모든 것을 통제하시고 인도하셨다는 의미입니다. 그러나 이 말이 인간을 기계로 만들었다는 뜻은 아닙니다. 교회 역사는 이를 '유기적 영감'이라 표현하기도 합니다.[62]

그러므로 누구든지 성경의 무오성(無誤性)을 부인하는 자들은 초대교회에 가만히 들어온 거짓 교사들과 같습니다. 어떤 본문을 해석하면서 특정 본문은 후대에 교회 구성원들의 합의로 삽입되었다고 말한다면, 이는 성경을 하나님의 말씀으로 인정하지 않는 것입니다. 바른 말씀 선포는 바른 성경관에서 출발합니다.

---

[62] '기계적 영감론'에 대한 반대의 개념으로 '유기적 영감론'이라는 이론이 주장되었습니다. 그럼에도 불구하고 '유기적 영감론'이 지니는 한계에 대해서는 유해무, 『개혁교의학』, 115~119을 참고하세요.

성경은 언약의 책입니다. 옛 약속(구약)과 새 약속(신약)으로 구성되어 있습니다. 이 약속은 하나님 나라를 이루는 도구입니다. 하나님 나라의 관점으로 성경을 읽고 설교해야 합니다. 이는 다른 말로 구속사적 관점으로 성경을 해석해야 한다는 뜻이기도 합니다.[63]

말씀으로 천지를 창조하신 하나님께서 그분의 말씀 곧 하나님의 언약을 어긴 사람에게, 말씀으로 여자의 후손을 약속하셨습니다(창 3:15). 그러므로 여자의 후손인 그리스도는 말씀이십니다(요1:1,14). 하나님 나라의 백성은 영생을 선물로 받습니다. 성경은 이 영생의 길을 소개했습니다(요5:39). 영생의 길은 필연적으로 죄인인 인간을 하나님의 공의의 심판대 앞에 세웁니다. 그리스도께서는 십자가를 지심으로 자기 백성을 대신하여 하나님의 심판을 받았습니다(갈 3:13). 죽음으로 자기 백성의 죄를 대신 지신 예수님께서는 부활하셔서 사단의 가장 강력한 무기인 사망을 정복하셨습니다(창3:15; 롬 6:9). 예수님의 삶과 죽음과 부활은 복음입니다.

사도들은 이 복음을 설교했습니다. 사도들의 복음, 곧 말씀이 성령님을 통하여 믿음을 일으키고 그 백성들의 삶의 근거가 됩니다(롬 10:17; 마4:4). 교회는 말씀, 곧 성령의 검으로 무장해야 하고(엡6:17) 이 예언의 말씀을 읽는 자와 듣는 자들과 그 가운데 기록한 것을 지키는 자들이 복이 있습니다(계1:3). 옛 언약백성들은 말씀을 버리고 불순종함으로 예수 그리스도가 그들에게 부딪히는 돌과 거치는 반석이 되었습니다(벧전2:8).

---

63) 고재수, 『구속사적 설교의 실제』 (서울: 기독교문서선교회, 1987)는 이 분야의 모범입니다. 고려신학대학원의 경건회 때 행한 설교 24편을 모은 책입니다. 고려신학대학원에서 10년 동안(1980~1989년) 교수 선교사로 봉사하셨습니다. 그 후 캐나다 개혁교회 신학대학에서 가르치시고 얼마 전 은퇴하셨습니다.

이와 같은 계시 역사를 바르게 이해하고 설교하는 일이 바로 바른 말씀 선포입니다. 그러므로 구속사적 관점이란 다른 말로 그리스도 중심적 설교라고도 할 수 있습니다.[64] 하나님 나라의 관점, 구속사적 관점, 그리스도 중심적 설교, 언약 신학. 이와 같은 성경 이해는 바른 말씀 선포를 위하여 반드시 갖추어야 할 설교자의 자질입니다.[65]

오늘날 한국 교회의 강단은 윤리와 도덕 강연장을 넘어 때로는 코미디언들의 공연장처럼 변질되고 있습니다. 진지한 강단 대신 웃음을 팔아먹는 저급한 놀음만이 인기를 누리고 있습니다. 기독교 방송국에서 송출하는 설교 영상들이 사람의 귀를 즐겁게 하는 소리에 지나지 않다는 느낌을 지울 수가 없습니다. 그러니 성도들은 무엇이 바른 말씀이며, 무엇이 그릇된 가르침인지 분별하지 못합니다. 영적 암흑기는 중세에만 있지 않습니다. 영적 암흑기는 오늘 우리 시대에도 존재합니다.

평안하다 평안하다 외치는 자들의 소리에 가려 형벌이 형벌인 줄 모르고 있는 영적 아사(餓死) 상태에 빠진 교회(렘23:17). 본문의 의

---

64) 황창기, 『그리스도 중심의 성경 이해』(서울: 이레서원, 2000)에서는 『예수님 교회 그리고 나』(서울: 성광문화사, 1998)와 함께 구속사 설교의 또 다른 맛을 느낄 수 있습니다.

65) 이 외에도 설교자는 성경 원어에 대한 이해가 있어야 합니다. 물론 원어를 공부하는 일은 고단하고 힘든 일입니다. 신학생들은 항상 원어 공부의 어려움 때문에 교수들에게 불평합니다. 그렇다고 하여 성경의 원어를 학습하지 않는 것은 말씀을 전하는 자의 기본적 자세가 아닙니다. 만약 신학교의 교과과정이 원어를 공부하기에 촉박하다면 학제를 바꾸어서라도 학생들로 하여금 준비케 해야 합니다. 다행히 매스미디어의 발달로 원어를 좀 더 쉽게 접할 수 있는 수단이 많이 개발된 것은 감사한 일입니다. 또한, 직분을 다루면서 언급하였듯이 교회나 목사 개인이 설교를 한 편 준비하는데 소요되는 최소한의 시간을(필자 개인적으로는 약 10시간) 참고하여 설교의 횟수를 줄이고 말씀을 읽고 연구할 수 있는 환경을 만들어야 합니다.

미를 드러내기보다 설교자의 목적이 앞선 설교. 화려한 언변과 현세의 복을 강조하는 강단 앞에 엎드리는, 말라비틀어진 영혼들. 밤을 새워 비판해도 끝나지 않습니다. 그러나 이 모든 비판에 앞서 강단을 살리는 무릎과 눈물의 호소가 그립습니다. 설교가 일시적으로 왜곡되거나 난잡해질 수 있고 사람의 귀를 즐겁게 하는 데 치우칠 수 있습니다. 그러나 문제의 본질은 강단의 약화에 있지 않습니다. 약화되는 강단을 향한 경고의 나팔이 없는 것이 가장 큰 문제입니다. 바른 말씀 선포의 회복을 기다리며 소망하는 성도들의 기도가 어느 때보다 필요합니다.

| 순수한 성례의 집행 [66]

우리는 오직 두 가지 성례를 인정합니다. 세례와 성찬입니다. 성례라는 말은 '거룩한 예식'이라는 뜻입니다. 성경에는 여러 다른 거룩한 행위들이 많습니다. 예를 들어, 직분을 세울 때 기름을 붓습니다. 이는 거룩한 행위입니다. 교회의 전통은 이러한 일반적인 거룩한 행위와 성례를 구별하기 위해 표(標)와 인(印)이라는 표현을 사용합니다(웨스트민스터 신앙고백 27장).

세례

세례는 구약성경에서 크게 두 가지 관점으로 계시되었습니다. 그

---

66) 세례와 성찬에 대한 개혁신학의 가르침은 고재수, 『세례와 성찬』 (서울: 성약출판사, 2007)을 참고하세요.

중 한 가지는 할례이며 다른 한 가지는 노아 홍수와 이스라엘의 광야생활입니다. 초대교회 당시 할례는 유대주의자들에게 있어서 구원의 표였습니다(행15:1). 이에 대해 바울은 할례자나 무할례자나 모두 믿음으로 의롭게 된다고 가르쳤습니다(롬3:30). 그러니 할례를 받았든지 그렇지 않든지 그에 얽매이지 말고 각 사람이 부르심을 받은 그 부르심 그대로 지내라고 했습니다(고전7:20). 성도는 손으로 한 육체의 할례가 아니라 손으로 하지 아니한 그리스도의 할례를 받은 자들입니다(골2:11). 그리스도의 할례는 무엇을 의미합니까? 골로새서 2:12은 교회가 세례로 그리스도와 함께 죽었다가 살아났다고 합니다. 예수님의 부활이 곧 세례의 근거입니다.

할례는 하나님의 언약을 수납했다는 표입니다(창17:11). 아브라함은 자기에게 소속된 모든 사람에게 할례를 행함으로 하나님의 약속을 믿는다는 증거를 보였습니다. 구약 백성들은 이 언약의 표를 지님으로 하나님의 백성으로 확증되었습니다. 만약 누군가가 할례를 행치 않으면 하나님의 백성으로부터 끊어집니다(창17:14).

할례는 언약의 실체가 옴으로써 성취되었습니다. 여자의 후손인 그분께서는 아브라함과 다윗의 자손으로 나셨고, 진정한 복의 근원이시며 하나님 나라의 왕이십니다. 이는 옛 언약의 완전한 성취입니다. 하나님께서는 '중보자 그리스도의 죽음과 부활을 통해 뱀의 머리가 상하게 되었고 죽음의 권세가 무너지고 영생을 선물로 주셨다'라는 믿음의 터 위에서, 자기 백성들을 그분의 나라로 부르십니다. 그 백성들은 세례를 받음으로 우리 주 예수 그리스도께서 온전하게 이루신 구속의 영광의 표를 지니게 됩니다.

이제 노아 홍수와 이스라엘의 광야생활을 통해 세례를 생각해 봅시다. 베드로전서 3:21은 노아 시대에 물로 인한 심판으로부터 구원받은 사람들을 말한 후에, 물이 구원의 표 곧 세례라고 했습니다. 물은 심판의 도구였습니다. 방주는 그 심판으로부터 하나님의 백성들을 구원했습니다. 하나님의 심판은 심판 받는 대상으로 하여금 구원과 저주 중 어느 한쪽에 반드시 참여하게 합니다. 노아 시대의 모든 인류는 저주를 받았습니다. 그러나 하나님의 백성들(노아의 가족)은 구원을 얻었습니다. 이처럼 물은 구원과 저주를 가르는 척도입니다. 이제 이 물은 - 복과 저주 중 하나가 임하게 하는 - 세례와 같은 기능을 합니다. 마치 노아의 가족들이 홍수 심판 속에서 구원을 얻었듯이 세례도 구원의 표입니다. 노아 시대는 방주를 통해 구원을 얻었지만, 이제는 그리스도의 부활을 통해 구원을 얻습니다. 물 심판에서 방주가 구원의 처소였듯이 이제는 그리스도의 부활이 구원의 처소입니다. 그리스도의 부활을 믿어 구원에 이르렀다는 표가 곧 세례입니다. 그러므로 세례 때 물이 뿌려지는 것은 하나님의 심판이 임했음을, 물 뿌림 후에 믿음으로 말미암아 하늘 백성이 되었다는 선언은 그 하나님의 심판에서 구원받았음을 뜻합니다.

고린도전서 10:2은 이스라엘 백성들이 구름과 바다에서 세례를 받았다고 말합니다. 1절에서 구름과 바다를 설명하길, "구름 아래 있고 바다 가운데로 지나며"라고 했습니다. 구름과 바다가 어떻게 세례와 연결됩니까? 구름은 구름기둥과 불기둥을 말합니다. 이스라엘 백성들이 출애굽 할 때, 하나님께서 구름기둥과 불기둥을 허락하셨습니다(출13:21). 구름기둥과 불기둥이 처음으로 나타나는 문맥은 이 기둥의 의미를 이해하는데 결정적인 역할을 합니다.

출애굽 후에 하나님께서는 이스라엘 백성의 길을 인도하셨습니다. 하나님께서는 백성들이 전쟁을 경험하면 애굽으로 돌아가려고 할 것을 염려하셔서 광야 길로 인도하셨습니다(출13:18). 숙곳에서 출발한 백성들은 광야 끝 에담에서 진을 쳤습니다. 그때, 구름기둥과 불기둥이 백성들의 길을 인도했습니다. 여기까지 보면, 구름기둥과 불기둥은 그저 그 백성들을 인도하는 역할만 하는 것처럼 이해됩니다. 하지만 출애굽기 14장을 읽으면 구름기둥과 불기둥의 역할이 다르게 묘사됨을 쉽게 알 수 있습니다.

애굽의 바로가 군대를 이끌고 이스라엘 백성들을 추적합니다. 특별 병거가 자그마치 600승이었고 모두 장관들이 이끄는 병거들이 었습니다(출14:7). 이스라엘 백성들이 머무는 진 가까이 애굽의 군대가 달려왔습니다. 바로 그때, 하나님께서 자기 백성들의 진과 애굽 군대 사이에 구름기둥과 불기둥을 두셔서 자기 백성들을 보호하셨습니다(출14:19,20). 그리고 모세를 통하여 홍해를 가르게 하시고, 이스라엘 백성들이 바다를 건너게 하셨습니다. 그 뒤를 따라 바로의 군대도 바다에 들어왔습니다. 새벽에 하나님께서 구름기둥과 불기둥 가운데서 애굽 군대를 보시고 어지럽게 하셔서 병거의 바퀴가 벗겨지게 하셨습니다(출14:24,25). 그리고 홍해의 세력이 회복되어 모든 바로의 군대가 수장되었습니다.

여기에서 구름기둥과 불기둥은 자기 백성을 보호하시는 하나님 자신임을 알 수 있습니다. 이스라엘 진 가까이에 애굽 군대가 당도했을 때 구름기둥과 불기둥은 이스라엘을 보호했고, 바로의 군대를 수장시킬 때 하나님께서는 구름기둥과 불기둥 가운데 계시면서 바로의 군대를 어지럽게 하셨습니다. 구름기둥과 불기둥은 단순히 자기 백성을 인도하는 기능뿐만 아니라 대적의 공격으로부터 그 백성들을 보호하며, 나아가 대적들을 진멸하는 역할도 했던 것입니다.

고린도전서 10장에서 '구름과 바다'라는 말은 결국 하나의 사건을 염두에 둔 말씀입니다. 구름과 바다는 바로의 군대로부터 자기 백성을 인도하고 보호하며, 대적들을 제거하는 능력입니다. 그러므로 이스라엘 백성들이 구름과 바다에서 세례를 받은 것으로 이해할 수 있습니다. 이스라엘은 구름과 바다로 인해 사단의 공격으로부터 하나님의 인도와 보호를 받았을 뿐만 아니라 사단의 권세를 무너뜨리기도 했습니다. 세례는 하나님께서 택하신 백성을 부르셔서 사단의 권세 아래에서 아버지의 나라로 옮긴 것과 이를 위해 대적을 무너뜨리고 자기 백성을 인도하며 보호하셨다는 표입니다.

세례요한이 예수님에 대하여 "성령과 불로 너희에게 세례를 주실 것"이라 했고, 예수님께서도 스스로 사도들에게 "너희는 몇 날이 못되어 성령으로 세례를 받을 것"을 말씀하셨습니다(마3:11; 행1:5). 할례와 홍해 사건은 하나님의 약속의 표로서 그 약속을 확증합니다. 예수님께서 말씀하신 성령으로의 세례, 곧 오순절에 임하신 성령님께서는 그리스도께서 지신 십자가의 의미를 명료하게 하셨습니다. 즉, 할례와 홍해 사건이 갖는 의미가 그리스도 안에서 완성되었음을 성령님께서 오셔서 확증하셨습니다. 그래서 베드로는 회개와 그리스도의 이름과 세례, 그리고 죄 사함과 성령님을 연결했습니다(행2:38). 그리스도의 이름으로 세례를 받는 것은 죄 사함의 증거입니다. 우리 주님께서 자기 백성의 죄를 대신 담당하셨다는 사실이 어떻게 믿어집니까? 성령님께서 그 사실을 믿게 하셨습니다. 성령님의 내주하심은 예수님께서 주(主)시요, 그리스도시며, 살아계신 하나님의 아들이라는 고백으로 이끕니다. 그러니 베드로의 선언처럼 성령님을 선물로 받은 사람에게는 물로 세례 줌을 금할 수 없습니다(행10:47).

사단의 권세 아래 있었던 자기 백성들을 대신하여 예수님께서 십자가를 지심으로 그들의 죄를 지셨습니다. 내가 그리스도와 합하여 십자가에 못 박혔다(갈2:20)고 고백할 수 있는 근거가 마련되었습니다. 이 사실을 성령님께서 믿게 하셨습니다. 세례는 이 믿음의 징표입니다. 그리스도와 연합되었음을 정기적으로 고백하며 증거하는 성찬의 자리에, 비로소 나아갈 수 있는 특권을 얻었습니다. 세례를 받음으로 성도는 교회의 일원이 됩니다. 동시에 세례 받은 자의 삶을 추구합니다. 하나님의 왕 되심을 삶의 전 영역에서 인정하며 복음과 더불어 살기를 소망합니다.

이제 우리는 유아세례에 대해 간단히 살피려 합니다. 장로교 신자 중에도 종종 '신앙고백이 없는 유아들에게 어떻게 세례를 줄 수 있느냐?'고 의아해합니다. 유아세례야말로 믿음의 표입니다. 아브라함에게 주어진 할례의 규례에서 누가 할례를 받습니까? 아브라함 집 안에 있는 모든 사람입니다. 심지어 이방인에게 돈으로 산 종들도 할례를 받습니다. 어른들만 할례를 받는 것이 아니라 난 지 8일 된 아이들도 받습니다. 아무것도 스스로 고백할 수 없는, 난 지 8일 된 아이가 할례를 받는다는 것은 무엇을 의미합니까? 부모는 자신의 자녀가 스스로 신앙을 고백할 수 없음에도 할례를 행합니다. 왜

그렇게 합니까? 하나님께서 언젠가는 자신의 자녀에게 하나님의 언약을 신뢰하는 믿음을 일으키게 하실 것을 믿기 때문입니다. 즉, 자녀가 자라면서 스스로 하나님의 약속을 믿음으로 받아들이는 때가 이를 것을 믿는다는 것입니다. 물론 아이의 믿음을 자라게 하는 것은 전적으로 하나님의 주권에 달려 있습니다. 유아세례는 바로 이 믿음의 표입니다.

할례와 노아홍수, 그리고 홍해 사건을 통해 그리스도의 죽음과 부활, 성령님의 강림으로 연결하여 얻어진 세례에 대한 가르침은, 신학의 현장인 교회와 세상에서 성도들이 구별된 모습으로 살아갈 것을 요구합니다. 신앙고백 없이 세례를 베풀 수 없음이 자명함에도 불구하고 군대에서는 여전히 집단세례가 행해지고 있습니다. 이는 천박함을 넘어 악한 일입니다. 군인들이 훈련소에서 세례를 받으면 제대 후 타 종교에 갈 수 없으리라고 생각합니다. 이러한 현실적 유용성을 따르는 모습은 성경에 계시된 하나님을 믿는 것이 아니며, 자기가 만든 하나님을 믿는 전형이라는 사실을 깨달아야 합니다. 만들어낸 고백으로 세례를 베푸는 일은 더더욱 조심해야 할 일입니다.[67]

세례교육의 내용과 기간 모두에 세밀하고 엄격한 지침을 마련해야 합니다. 세례교육이 문답서에 소개된 질문 몇 개를 암송하는 데

---

67) 이러한 일은 특별히 어린 중·고등학생 시절에 많이 나타납니다. 스스로 신앙을 고백하지 않았음에도 불구하고 나이가 되었다는 이유로 세례공부를 하고 세례를 받는 일은 속히 교정되어야 할 부분입니다. 비단 학생들뿐만 아니라 성인들도 교회에 출석한 기간을 따져 6개월이나 1년이 지났다는 이유로 세례교육을 받게 하고 세례를 베푸는 행습도 엄정한 검증을 거치도록 바뀌어야 합니다.

그치지 않도록 해야 합니다. 기본적으로 세례의 의미를 충실히 배우고 익혀야 합니다. 성경의 기본적인 도리도 알아야 합니다. 즉 성경이 어떤 책이며, 그 흐름이 어떠한지 알아야 하고 깨달아야 합니다. 또한 세례 받은 성도는 직분 선출에 직접 의사를 표현할 수 있는 자격을 지닌다는 점도 알고 있어야 합니다. 세례 받은 성도는 이제 자신의 신앙고백을 따라 예배를 드리고 성찬에 참여하기 때문에 예배와 성찬에 대한 이해도 필수적입니다.[68]

그러므로 세례 교육 기간에도 재고가 필요합니다. 대체로 한국 교회는 짧게는 1개월 혹은 3개월의 시간이 주어집니다.[69] 이렇게 해서는 바른 세례교육이 이루어질 수 없습니다. 물론 획일적으로 어떤 기간을 정할 수는 없습니다. 그러나 선교지처럼 위기 상황이 아니라면 충분한 시간을 최대한 확보하기를 권합니다.

성도에게 세례 받는 날은 큰 즐거움의 날입니다. 주일 예배 중에 세례가 베풀어집니다. 온 교회가 새로운 생명의 출생을 감사로 받습니다. 세례는 단순히 한 개인만의 범주의 것이 아닙니다. 세례는 전 교회의 일입니다. 새로운 생명의 출생으로 세례자는 교회의 일원이 되었기 때문입니다. 교회는 세례자를 공동의 아이로 받고 어머니로서 양육의 책임을 다해야 합니다.[70] 이 면에서 어머니인 교회

---

68) 교회 역사는 세례교육을 위해 신앙고백을 만들었고 가르쳤습니다. 이러한 전통이 한국 교회에 깊이 뿌리 내릴 수 있기를 소망합니다.

69) 3개월을 공부해도 시간을 따져보면 얼마 되지 않음을 쉽게 이해할 수 있습니다. 대체로 세례교육이 주일에 이루어지고 한 번에 30분에서 1시간을 넘지 않는다고 보면, 고작 12시간 내외로 교육을 받습니다. 이렇게 해서는 온전한 세례교육이 이루어질 수 없습니다. 세례교육은 6개월 이상의 시간을 들여야 합니다. 일주일에 1시간씩 6개월 정도 교육시간을 가져야 어느 정도 기본적인 도리에 대해 배울 수 있습니다. 필자가 속한 교회의 경우 세례교육을 1년 동안 행합니다.

70) 참고로 필자의 교회는 주일 오전에 세례를 베풀고 오후에 세례 축하식을 합니다. 전

의 사역은 아무리 강조해도 지나침이 없습니다.

성찬 [71]

성찬은 주님께서 제정하셨습니다. 떡과 포도주를 제자들에게 주시면서 "이것이 내 몸이라" 하셨고, "많은 사람을 위하여 흘리는바 나의 피 곧 언약의 피"라 하셨습니다(마26:26~28). 주님께서 제정하신 성찬은 이후 교회에서 항상 재현하여 기념해야 할 중요한 예식이 되었습니다(고전11:24~26). 교회 역사에서 성찬은 오해를 불러일으키는 한 요인이었습니다. 그 은밀함이 오해를 낳았습니다. 그러나 성찬은 비밀스러운 것이기는 하지만 은밀한 것은 아닙니다. 성찬은 만천하에 공개되어야 할 복음입니다.

예수님께서 행하신 첫 성찬은 유월절 밤에 시행되었습니다(마26:2,17,19). 유월절 어린 양의 피는 자기 백성들의 초태생을 대신하였습니다(출12:13). 이로 말미암아 이스라엘의 장자들은 생명을 얻었습니다. 이스라엘 백성들은 피를 문에 바르고 그 고기를 온 가족이 함께 먹었습니다. 이렇듯 고기와 떡을 먹는 것 그리고 피를 바르는 것은 그리스도께서 제정하신 성찬의 그림자입니다. 유월절 행사의 실체는 죽음을 넘어 새로운 생명으로 참여하는 것입니다. 성찬은 그리스도께서 친히 어린양이 되셔서 그 백성을 대신하여 죽으심

성도들이 함께 모여 축하의 메시지와 권면의 편지를 읽기도 하고, 세례증서를 수여하며, 자그마한 선물을 전달하기도 합니다. 식이 끝나면 준비한 다과와 음식으로 함께 애찬을 나눕니다.

71) 성찬에 대한 이해는 대체로 네 가지 가르침으로 요약됩니다. 로마 가톨릭 교회가 주장하는 화체설, 루터가 주장한 공재설, 쯔빙글리가 주장한 기념설, 칼빈이 주장한 영적임재설입니다. 우리는 칼빈의 가르침을 따라 영적임재설을 받아들입니다. 이 부분에 대한 설명은 이성호, 『성찬: 천국잔치 맛보기』 (여수: 그라티아, 2012) 제 3장을 참고하세요.

이요, 그 피로 인해 그 백성은 새로운 생명을 얻었음을 고백하는 표입니다.

시내 산 앞에서 이스라엘 백성과 더불어 하나님께서는 언약을 맺으셨습니다(출19~24장). 번제와 화목제를 드리면서 소의 피를 받아 단과 백성에게 뿌렸습니다(출24:5~8). 이 피를 여호와께서 '언약의 피'라 하셨습니다. 예수님께서 포도주를 주시면서 '언약의 피'라 말씀하신 것은 시내 산의 그 언약의 피를 가리킵니다. 그러므로 성찬은 언약 의식입니다. 소의 피가 언약 맺음의 표이듯이 그리스도의 죽음이 하나님과 교회의 언약 맺음의 표입니다.

예수님께서는 제자들에게 떡을 주시면서 '내 몸'이라 하셨습니다. 이는 만나에 대한 가르침에서 풍성해집니다. 주님은 "나는 하늘로서 내려온 산 떡이니 사람이 이 떡을 먹으면 영생하리라 나의 줄 떡은 곧 세상의 생명을 위한 내 살이로라(요6:51)"고 하셨습니다. 주님은 자신이 "하늘로서 내려온 산 떡"이라 하셨고, "세상의 생명을 위한 내 살"이라 하셨습니다. 한걸음 더 나아가 "인자의 살을 먹지 아니하고 인자의 피를 마시지 아니하면 너희 속에 생명이 없느니라(요6:53)" 하셨고, "내 살을 먹고 내 피를 마시는 자는 영생을 가졌고 마지막 날에 내가 그를 다시 살리리니 내 살은 참된 양식이요 내 피는 참된 음료로다(요6:54,55)"라고 말씀하셨습니다.

성찬은 영생을 소유했음을 드러내는 표에서 끝나지 않습니다. 성찬은 참된 양식이요 참된 음료이기도 합니다. 이 교제의 식사는 교회를 살찌우는 실체입니다(고전11:17 이하). 교회가 성찬에 참여하는 것은 하늘보좌에 계신 그리스도에게로 올라가는 것과 같습니다. 그리스도가 내려오시는 것이 아니라 우리가 올라갑니다.[72] 성령님께서는 교회의 성찬에 영적으로 임재하셔서 은혜를 베푸십니다. 수찬자는 이를 고대하며 소망해야 합니다.

성찬을 통해 예수님을 기념하는 것은 주님의 죽으심을 오실 때까지 전하는 것이므로(고전11:26), 성찬은 종말론적입니다. 이 식사는 새 하늘과 새 땅에서 삼위 하나님과 영원히 갖는 교제의 시작입니다(계22:2). 즉, 성찬은 떡과 포도주를 먹음으로 그리스도의 몸과 피에 연합하는 것이며, 이는 땅에서 끝나지 않고 완성될 하나님 나라를 지향합니다. 성찬은 추도식이 될 수 없습니다.[73]

성찬은 교회의 한 몸 됨을 강화시킵니다(고전10:17). 성찬을 통하여 교회됨이 드러납니다. 개인주의적인 예배와 추도식 같은 성찬은 성경의 가르침과 거리가 있습니다. 한국 교회가 성찬을 행하는 방식은 마치 장례식의 재현과도 같습니다. 피아노 반주와 침울한 분위기는 교회가 하나되어 그리스도의 한 몸에 참여한다는 사실을 약화시킵니다. 성찬이야말로 한 몸 됨의 극치입니다. 성찬의 한 몸 됨은 성찬이 어디에서 시행되어야 하는지를 분명하게 합니다. 어떤 이들이 성찬을 신학교나 선교단체 혹은 교회 바깥의 그리스도인들의 모임에서도 행하자고 합니다. 이는 은혜의 방편이요 교회의 표지인 성찬을 바르게 이해하지 못한 결과입니다.

성찬 역시 눈에 보이는 말씀이기에 그 자체로서 의미가 있습니다. 하나의 떡을 떼고 나누며 한 잔을 마시는 행위를 통해 성찬이 갖는 고유한 의미가 풍성히 드러나야 합니다. 또한 성찬이 갖는 고

---

72) 존 칼빈, 『기독교 강요』, 4.17.31.

73) 유해무, 『개혁교의학』, 523.

유한 의미를 가리는 행위는 금해야 합니다.[74] 한국 교회는 1년에 한두 차례 성찬을 시행합니다. 성찬을 은혜의 방편으로 이해한다면 이러한 횟수는 너무 제한적입니다. 비록 실행되지는 못했지만 칼빈 선생도 성찬을 매주 시행할 것을 주장했음을 잘 기억해야겠습니다.

| 정당한 권징의 시행

말씀과 성례는 권징을 동반합니다. 그래서 권징은 때때로 교회의 표지에서 제외되기도 합니다. 실제로 칼빈은 권징을 교회의 표지로 언급하지 않았습니다. 칼빈은 정상적인 말씀 사역에 권징이 포함된 것으로 이해했습니다. 말씀과 성례가 있는 곳에 권징도 있습니다.

권징은 교회로 하여금 죄에 대한 경각심을 갖게 합니다. 동시에 거룩한 백성으로서의 정체성을 유지하는 방편입니다. 권징은 천국의 열쇠를 사용하여 매기도 하고 풀기도 합니다. 베드로의 고백 위에 세워진 교회가 천국의 열쇠를 소유했고 그 열쇠를 어떻게 사용해야 하는지, 성경은 분명히 가르칩니다(마16:19, 18:15~20).

형제가 죄를 범하면 직접 대면하여 권고해야 합니다(마18:15). 성도 상호간의 권면이 얼마나 중요한지 알 수 있습니다(골3:16). 히브리서 3:13은 "매일 피차 권면하여 너희 중에 누구든지 죄의 유혹으로 강퍅케 됨을 면하라" 했습니다. 일대일로 대면하여 권고한 것을 형제가 받지 않으면 다른 성도들과 함께 권고해야 합니다(마18:16).

74) 성찬 중 예배당 중앙의 스크린에 영화의 한 장면을 상영하여 그리스도의 십자가 지심을 보여주는 일을 직접 경험하면서 무척 당황스러웠습니다. 이는 성찬 자체가 이미 고유한 의미를 갖는 눈에 보이는 말씀이라는 사실을 바르게 이해하지 못했기 때문입니다.

이때 대동한 성도들은 권면의 증인이 됩니다. 증인을 대동한 권면도 듣지 않으면 교회에 말해야 합니다. 교회의 권고는 매고 푸는 마지막 단계입니다. 이는 당회가 처음으로 권고한 당사자와 두세 증인의 권면이 증거가 되어 더 강력한 권고의 의미가 있음을 가르칩니다. 교회가 권고를 듣지 않는 이를 이방인과 세리처럼 여기는 것은 사단에게 내어주는 것입니다(고전5:5). 그렇다고 해서 권징이 사랑 없는 재판은 아닙니다. 형제를 사단에게 내어줌은 돌이켜 회개케 하기 위함입니다. 그러므로 권징은 사랑의 징표입니다. 징계가 없으면 사생자이기 때문입니다(히12:8).

어머니로서의 교회는 그 자녀를 바르게 양육할 책임을 갖습니다. 이는 자녀로 하여금 주어진 사명을 잘 감당케 할 뿐만 아니라 그 본질을 지키기 위한 방편이기도 합니다. 이러한 측면에서 권징은 매우 언약적입니다. 성례가 언약적이듯이 권징 역시 언약적입니다.

모세의 인도로 시내 산에서 이스라엘은 하나님과 언약을 맺었습니다. 언약의 조건은 십계명으로 요약되는 율법입니다. 그 율법을 기준으로 왕, 제사장, 선지자가 백성들을 다스리고 교훈하며 양육합니다. 언약을 맺는 마지막에 '언약서'를 낭독했다는 기록이 있습니다(출24:7). 이 언약서는 바로 율법입니다. 구약의 직분자들은 이 법을 따라 백성들을 다스립니다. 신약의 교회도 바로 그리스도를 통하여 완성된 법을 따라 다스립니다. 이것이 권징의 기초입니다.

언약에는 복과 저주의 양면성이 있습니다. 언약에 신실하면 복을 받지만 그렇지 않으면 저주를 받습니다(레26장; 신28장). 교회 역시 새 언약의 피로 맺어진 공동체입니다. 교회에도 언약의 복과 저주가 있습니다. 이 언약의 복과 저주는 구약의 방식으로 임하지 않습

니다. 이 언약의 복과 저주는 그리스도 안에서 완성되어 새로운 방식으로 주어졌습니다.[75]

구약 법에는 생명을 제거하는 처벌이 있습니다. 예를 들어, 부모를 구타하는 자녀는 성문에서 재판을 받은 후 백성들이 돌로 쳐서 죽입니다. 이러한 법은 오늘날 교회에서 어떻게 시행됩니까? 죽음에 이르는 권징은 오늘날 교회에서 출교로 대체되었습니다. 권징은 변화된 형태로 주어지지만 그 원리는 분명 언약적입니다.

권징의 언약적 성격은 한국 교회에서 거의 강조되지 않고 있습니다. 물론 교회법이 그 정신을 바탕에 두고 제정되었음은 분명합니다. 하지만 그 법을 실행하는 주체(당회, 노회, 총회)는 이 면을 깊이 인식하지 못한 것이 아닌가 하는 의구심이 생깁니다. 구약성경에 등장하는 제사장들의 재판과 왕의 재판에 내재된 원리를 살피는 것은 매우 중요합니다. 이는 권징이 궁극적으로 목표하는 바가 징계 자체에 있는 것이 아님을 명백하게 드러내기 때문입니다. 구약 백성들이 왕, 제사장, 선지자들로부터 권면을 듣고 다스림을 받으며 때로는 재판을 받기도 했던 이유는, 그들이 제사장 나라로서의 특권을 온전히 누리기 위함이었습니다. 신약교회에서도 이 원리는 동일합니다. 권징은 공정해야 하며 교회로 하여금 항상 거룩한 사명을 기억하게 해야 합니다. 그러할 때 권징의 언약적 성격이 풍성한 열매를 맺습니다.

---

75) 구약성경에 나타나는 언약의 저주 항목은 매우 다양합니다. 기근과 질병, 이방 국가들의 공격이 대표적입니다. 이러한 언약의 저주가 신약 시대의 교회에서 어떻게 나타납니까? 양식이 없음은 말씀이 없어 고통 당하는 것이며, 질병은 교회 가운데 거짓 사상과 잘못된 가르침이요, 이방 국가의 공격은 세속으로부터 오는 핍박이라 할 수 있습니다.

| 교회의 표지만으로 성숙한 교회가 가능한가

건강하고 성경적인 교회를 만들고자 하는 소망은 모든 그리스도인에게 있습니다. 그러나 성경적인 교회를 만든다는 것 자체가 어쩌면 인간적 교만의 발로일 수도 있습니다. 교회는 신적 기관이기에 사람의 수고와 노력으로 세워지는 것이 아니기 때문입니다. "나는 심었고 아볼로는 물을 주었으되 오직 하나님은 자라나게 하셨나니(고전3:6)"라는 바울의 고백을 유념해야 합니다.

우리는 말씀과 성례가 교회의 표지이기 이전에 은혜의 방편이라는 사실을 언급했습니다. 이는 교회를 출생시키고 유지하며 보존하는 하나님의 전 구속사역이 은혜의 방편인 말씀과 성례를 통하여 이루어진다는 뜻입니다(마13:23; 약1:18; 엡6:17; 딤전4:5; 히4:12). 그래서 '감독이 있는 곳에 교회가 있다'라는 키프리안의 말을, 종교개혁자들은 '말씀이 있는 곳에 교회가 있다'라는 뜻으로 해석했던 것입니다. 은혜의 방편이라는 말은 하나님께서 그것들을 사용하셔서 구원역사를 이루신다는 뜻입니다.

교회의 표지는 참 교회와 거짓 교회를 구별하는 소극적 기능에 머물지 않습니다. 적극적인 의미에서 교회의 표지는 교회의 출생과 성장에 깊이 관계합니다. 이러한 이해가 성경적입니다. 교회의 표지를 따라 교회가 운영되면 다른 것이 필요하지 않습니다. 건강한 교회는 '두 날개'를 가진 교회가 아니라 표지가 분명하게 유지되고 시행되는 교회입니다.

1. 교회에 대하여 웨스트민스터신앙고백서 25장 5항이 가르치는 바는 무엇입니까?

2. 교회의 표지이면서 동시에 은혜의 방편은 무엇입니까?

3. 바른 말씀의 선포를 위하여 설교자는 어떤 자질을 갖추어야 합니까?

4. 신약교회의 세례가 구약의 할례에서부터 어떻게 연결되며, 무엇을 요구합니까?

5. 성찬이 가지는 종말론적 의미는 무엇입니까?

6. 권징이 한국교회 안에서 강조되지 못하는 이유가 무엇입니까?

7. 교회의 표지가 바르게 시행되기 위해 우리가 할 수 있는 것들을 생각해 봅시다.

~

5

교회의 사명

예배 | 복음전파 | 교회연합

5

교회의 사명

첫 사람 아담은 동산을 다스리며 지키는 사명을 받았습니다. 아브라함, 이삭, 야곱, 요셉은 잃어버린 낙원을 회복하기 위해 부름 받았습니다. 그들의 삶은 그 낙원이 어떻게 회복되며 유지되고 성장하는지를 보여줍니다. 모세의 인도로 출애굽 한 이스라엘 백성들은 제사장 나라와 거룩한 백성이 됨으로, 잃어버린 하나님의 왕국을 회복할 수 있는 길을 제시하는 사명을 받았습니다. 가나안에 입성한 거룩한 백성들은 땅을 정복함으로 하나님의 왕국을 건설해야 할 사명을 받았습니다. 통일왕국과 분열왕국은 하나님 나라의 비밀을 드러내는 수단이었습니다. 우리 주 그리스도께서는 옛 언약백성을 버리시고 새로운 백성인 교회를 부르셨습니다. 그리고 그 교회는 옛 언약백성이 받았던 사명을 고스란히 이어받았습니다. 교회는 예배 공동체이며, 복음전파의 사명을 감당해야 하고, 하나됨을 지켜야 합니다.

| 예배

예배 공동체로 부름 받은 교회
요한복음 12:20은 명절에 예배하기 위해 온 헬라인에 대해 언급합니다. 명절은 유월절을 의미하고(요12:1) 예배한다는 것은 제사를 드리는 것입니다.[76] 이처럼 유월절 제사를 예배로 설명하는 것은 예배를 이해하는데 매우 요긴합니다. 예배(προσκυνήσωσιν)라는 말 자체는 개가 주인의 손을 핥아 복종의 표를 하는 행위에서 온 말입니다. 그러므로 예배는 '엎드려 절하는' 것입니다. 유월절 밤에 하나님께서 어린양의 피를 대신 받으셨습니다. 이스라엘 백성들은 그 피로 말미암아 죽음에서 생명으로 옮겨졌습니다. 그 은혜에 감사하여 엎드려 절하는 것이 예배입니다. 이러한 예배 개념은 시내 산에서 맺은 언약에서 한층 더 확장되었습니다.

하나님께서는 시내 산에서 모세를 만나셨고, 그에게 "이 산에서 하나님을 섬기리니"라고 했습니다(출3:12). 여기 '섬긴다'라는 말씀은 다른 의미로 '예배하다'라는 뜻이기도 합니다. 그래서 모세와 아론이 바로에게 말하길, "그들이 광야에서 내 앞에 절기를 지킬 것이니라"고 했습니다(출5:1). 여기에서 하나님을 섬긴다는 것(예배)과 절기가 상호 교차적으로 사용되었습니다. 절기를 지키기 위해 광야로 간 이스라엘은 시내 산 앞에 섰고, 절기를 지킨 것이 아니라 하나님과 언약을 맺었습니다(출19~24장). 이 언약 맺음이 이루어지고 난 후, 그 백성들이 절기를 지켰습니다.

처음 모세에게 하나님을 섬길 것을 말씀하셨고, 그 섬김이 절기를 지키는 것으로 연결되었습니다. 광야에 이른 이스라엘은 시내 산에서 하나님과 언약을 맺었습니다. 율법과 성막제도를 선물로 받았습니다. 이러한 일련의 사건들은 하나님과 그 백성의 언약 맺음

---

76) 한글개역성경에서는 이 단어가 주로 '경배하다' 혹은 '절하다'라는 말로 번역되었습니다(마2:2,8,11, 4:10, 8:2, 9:18; 막5:6; 눅4:7; 요9:38; 행7:43, 10:25).

이 예배와 연관되어 있음을 드러냅니다. 언약을 맺음으로 하나님과 그 백성의 관계가 명료해졌습니다. 아담, 노아, 아브라함, 시내 산에서의 백성 전체, 다윗, 새 언약으로 이어지는 언약은 독립적이지 않으며 본질상 하나입니다. 그 언약은 하나님 나라를 드러내는 방편입니다. 동시에 언약을 맺은 백성들은 자신들을 통하여, 자신들 가운데 드러난 하나님의 구속의 본질과 원리를 체험합니다. 제사와 절기는 백성들이 하나님과 언약 관계가 형성되었기에 의미가 있습니다. 즉, 언약이 맺어지고, 그 언약의 구체적 표현 방식이 율법이며, 그 율법의 내용이 제사와 절기입니다. 때때로 그 율법을 도덕법, 시민법, 의식법으로 분류하기도 합니다.

　이를 다음과 같이 정리할 수도 있습니다. 시내 산 언약은 역사적 서언, 하나님과 그 백성의 관계 규명, 중보자를 통한 교섭과 당사자 간의 만남, 언약 규정과 제사와 피 뿌림이 포함된 예식, 그리고 함께 먹고 마심이라는 절차를 통해 맺어졌습니다. 언약 맺음은 하나님께서 그 백성들을 지금까지 어떻게 인도하셨는지를 천명함으로 시작합니다. 그리고 관계 규명을 통하여 그들의 사명이 어떠하며, 언약 조건들을 통해 그 사명을 어떠한 방식으로 이룰 것인지도 가르칩니다. 또한, 그 백성들이 추구하고 이루어야 할 하나님의 왕국의 비밀을 어떠한 원리를 통해 드러내어야 하는지도 가르칩니다. 제사와 피 뿌림은 하나님과 그 백성이 언약으로 맺어졌음을 확증하는 표입니다. 곧 아브라함 언약에서 쪼갠 짐승들이 언약의 복과 저주를 가르치듯이 시내 산 언약에서의 제사와 피 뿌림이 바로 그러한 기능을 합니다(창15:10; 출24:5~8).[77] 그러므로 우리는 예배를 언약

---

77) 출애굽기 24:8에서 짐승의 피를 뿌린 후에, 이를 '언약의 피'라고 명명한 것은 매우 중

갱신으로 이해합니다.[78]

언약 맺음을 예배로 이해할 때, 예배의 근본정신과 원리를 쉽게 알 수 있습니다. 예배는 하나님의 백성으로 부름 받은 거룩한 백성의 정체성을 확증하고, 그 정체성을 이 땅에 아로새기기 위해 하늘로부터 오는 하나님의 뜻을 수납하며, 죄인들을 불러 거룩한 특권을 부여하심을 높이 찬양하고, 삼위 하나님과 함께 먹고 마심으로 영광스럽고 복된 특권을 이루기 위해 아멘으로 결단하며 교제하는 행위입니다. 그러므로 참 예배는 삼위 하나님의 주도적인 역사이며, 그 역사를 감사함으로 받아 누리는 것이요, 그로 인해 맺어지는 모든 열매를 찬양하는 일입니다.

히브리서 12장은 여기에서 한 걸음 더 나아갑니다. 새 언약백성인 교회가 이른 곳은 시내 산이 아닙니다. 그곳은 "시온 산과 살아 계신 하나님의 도성인 하늘의 예루살렘"입니다(히12:22). 교회의 예배는 "천만 천사와 하늘에 기록한 장자들의 총회와 교회와 만민의 심판자이신 하나님과 및 온전케 된 의인의 영들과 새 언약의 중보이신 예수와 및 아벨의 피보다 더 낫게 말하는 뿌린 피"가 함께 하는 시간입니다(히12:22~24). 이 천상의 예배를 어찌 말로 다 표현할 수 있을까요! 우주적 교회가 하나님을 찬양하는 영광스러운 바로

요한 의미를 갖습니다. 예수님께서 성찬을 베푸실 때 제자들에게 포도주를 주시면서 '언약의 피'라 명하신 것은 예수님 자신의 피 흘림을 두고 하신 말씀입니다(마26:28). 이는 예수님의 십자가 피 흘림을 통하여 그 백성이 받아야 할 언약의 저주를 우리 주님께서 친히 대신 받으셨음을 강조합니다(막15:38; 히10:20). 이는 교회가 새 언약의 중보이신 그리스도를 통하여 하나님과 언약이 체결되었음을 가르칩니다. 또한 그 교회가 예배 공동체임을 확증하는 표이기도 합니다.

78) 마이클 호튼, 『개혁주의 예배론』, 윤석인 역 (서울: 부흥과 개혁사, 2012), 25~44.

그 현장에, 우리 교회들이 함께 합니다. 교회의 예배가 비록 땅 위에서 이루어지고 있지만, 예배를 통해 온 교회는 하늘의 하나님께로 들어올려집니다.

히브리서 저자는 시내 산과 천상의 예배를 대비시킵니다. 히브리서 저자의 의도적인 대비는 예배가 매우 언약적이라는 사실을 강조합니다. 실제로 히브리서 본문은 언약적 관점에서 그리스도의 사역을 나열하는 중에 천상의 예배를 말합니다. 히브리서 9장에서 옛 언약과 새 언약을 비교하였고, 10장에서는 새 언약의 중보이신 그리스도의 사역을 강조하였습니다. 곧, 예레미야 31장에서 선언된 새 언약을 우리 주님께서 성취하였음을 가르칩니다(히10:15~20). 그러면서 핍박 가운데 있는 히브리서 독자들이 믿음을 가졌다면(히10:38) 그 믿음으로 살 수 있음을 선언합니다. 그리고 믿음이 무엇인지 가르친 후(히11장), 믿음을 소유한 백성들의 삶과 그들이 이른 영광스러운 예배를 소개합니다.

시내 산에서의 언약 맺음이 참 예배의 그림자라면, 히브리서 본문이 소개한 천상의 예배는 새 언약의 결과로 나타난 온전한 예배입니다. 천상의 예배는 동물의 피가 아니라 새 언약의 중보이신 그리스도의 피로 맺어졌습니다. 그러니 예배는 그리스도께서 완성하신 새 언약을 회상하며, 기념하고, 지금 여기에서 재현하는 것이라 할 수 있습니다.[79] 나아가 주님의 재림으로 말미암아 완성될 영광스

---

79) 언약을 회상하고, 기념하며, 재현하는 것이라 하여 예수님께서 완성하신 언약이 불충분하거나 불완전하다는 의미로 이해해서는 안 됩니다. 그리스도께서는 언약의 완성자이시고 종결자이십니다. 예배는 우리 주 예수 그리스도께서 완성하신 바로 그 언약을 예배 공동체인 교회가 되새김질하는 것입니다. 마치 예수님께서 재정하신 성찬을 매 주일마다 행하는 것과 동일한 원리입니다.

럽고 완전한 예배를 소망하는 것이라 정의할 수 있습니다.

이러한 영광스러운 예배를 예수님께서 친히 선언하신 본문이 요한복음 4:23,24입니다. 하나님은 신령과 진정으로 예배하는 자들을 찾으십니다. 예배하는 자는 신령과 진정으로 예배해야 합니다(καὶ τοὺς προσκυνοῦντας αὐτὸν ἐν πνεύματι καὶ ἀληθείᾳ). 신령과 진정은 '성령과 진리'입니다. 진정한 예배는 성령님과 진리 안에서 드리는 예배입니다.[80] 예수님의 선언은 가히 충격적입니다. 왜냐하면 예루살렘 성전이 여전히 존재하고 구약 제사 제도도 유효했었기 때문입니다. 더 나아가 언약의 당사자 가운데 한쪽인 이스라엘 백성이 여전히 언약백성으로서의 특권을 누리고 있습니다. 바로 그러한 때에 성령과 진리의 예배를 선포하여 새 언약이 완성될 때가 이르렀음을 강조하였습니다. 예루살렘 성전은 그림자였습니다. 참 성전이신 예수님 안에서 예배할 때가 이르렀다고 했습니다. 동물의 피가 아니라 그리스도의 피가 완전한 예배를 드릴 수 있게 합니다. 옛 백성들을 대신한 새로운 백성들이 새 언약의 빛 안에서 삼위 하나님과 언약 관계가 형성될 것을 내다보고 있습니다. 성령과 진리로 예배한다는 말은 바로 이러한 뜻입니다. 새 언약(렘31:31~34)의 핵심은 성령님의 사역입니다. 오순절 성령님의 오심은 교회를 출현시켰고, 그 교회는 예배 공동체가 되었습니다. 예루살렘 교회는 사도의 가르침을 받아 서로 교제하며 떡을 떼며 기도하였고, 하나님을 찬미했습니다(행2:42~47).

---

80) 신령과 진정이라는 말을 '마음과 뜻을 다해'라는 의미로 이해해서는 안 됩니다. 성령님과 진리 안에서 예배해야 한다는 뜻으로 이해해야 합니다. 동시에 진리의 성령 안에서라는 의미로 이해할 수도 있습니다.

도전 받는 예배

예배를 언약적 관점에서 바라보면, 예배의 의미가 단순히 삼위 하나님께 절하는 행위만으로 머물지 않는다는 것을 알 수 있습니다. 하나님 앞에 서있는 공동체, 하나님으로부터 오는 그 공동체의 본질, 그리고 그 공동체가 추구하고 이루어야 할 놀라운 사명, 사명을 이루기 위한 능력과 지혜의 공급, 그 놀라운 관계로부터 오는 복과 저주들이 드러납니다. 이러한 놀라운 하늘 왕국의 모습을 사단이 가만히 보고 있지 않습니다. 우리는 신구약성경을 통하여 사단이 얼마나 집요하게 예배를 타락시키고 방해했는지 알 수 있습니다.

가인은 여호와께서 아벨과 그 제물을 받으시자 분노하여 얼굴색이 변했습니다(창4:5). 가인은 원래 악한 자에게 속한 자였기에 참예배를 드릴 수 없는 자였습니다(요일3:12). 그럼에도 불구하고 동생 아벨의 예배를 시기와 질투, 분노로 바라보았고, 종국에는 살인자의 자리에 이르렀습니다. 거짓 예배자가 참 예배자를 핍박하였습니다. 함의 후예인 니므롯은 시날 평지에서 바벨탑을 건설했습니다. 그들은 예배자들의 도시가 아니라 인간 도시를 건설했습니다. 탑 꼭대기를 하늘에 닿게 하려 했습니다(창11:4). 하나님의 이름 대신에 인간의 이름을 높였습니다. 거짓 예배의 전형입니다. 참 예배는 하나님만 높입니다. 거짓 예배는 사람의 이름을 높입니다.[81]

시내 산에서 하나님께서는 어떠한 형상도 만들어 섬기지 말라 하셨습니다(출20:4,5). 그러나 이스라엘은 금송아지를 만들고 그것을 하나님이라 했습니다(출32:4). 예배의 파괴는, 하나님이라는 이름은

---

81) 개혁신앙은 하나님 외에 어떤 다른 피조물도 예배의 대상이 아님을 가르칩니다(웨스트민스터 신앙고백 21장 2절). 그러므로 회갑 기념 예배, 생일 감사 예배, 입택 예배 등 이런 종류의 예배는 절대로 해서는 안 될 것들입니다.

있지만 실상은 하나님이 아닌 것을 섬기는 모습이기도 합니다. 모세는 언약의 중보자로서 이 범죄를 가만히 두고 볼 수 없어 언약서를 찢었습니다(출32:19). 나답과 아비후는 다른 불로 분향하려다 불심판을 받아 죽었습니다(레10:1,2).

사사 시대에 한 레위인은 첩을 두었고, 그 첩으로 인해 언약 공동체 안에 형제간의 전쟁으로 비화(飛火) 되었습니다(삿19, 20장). 이 일로 베냐민 지파의 남자들이 대부분이 죽는 사건이 일어났습니다. 예배를 담당하는 자의 타락이 형제간의 전쟁으로 확대되었고, 결국 한 지파가 거의 사라질 지경에 이르렀습니다. 솔로몬은 왕이 금해야 할 것들 중 아내를 많이 두어서는 안 되는 조항을 어겼습니다(왕상 11:3~11). 그 일로 하나님의 왕국 안에 우상을 섬기는 일이 일어났습니다. 참 예배의 왕국이 다른 신을 예배하는 행위를 용인했습니다. 결국 나라가 분열되었습니다.

여로보암은 레위인들로 제사장을 삼지 않았고, 절기를 바꾸었고, 벧엘과 단에 금송아지를 만들어 백성들로 섬기게 했습니다(왕상 12:25~33). 이는 예배의 타락의 극치를 보여줍니다. 이스라엘 역사에서 이렇게 처참한 예배 광경은 찾아볼 수 없습니다. 더는 예배라 부르기도 민망할 지경입니다. 아합은 여로보암보다 한 걸음 더 나아갔습니다. 그는 왕으로서 수도 사마리아에 바알과 아세라 목상을 만들어 놓고 직접 절하였습니다(왕상16:31,32).

예수님 시대에 예루살렘 성전은 돈 바꾸는 자들과 비둘기 파는 자들로 인해 장사하는 집이 되었고, 강도의 굴혈이 되었습니다(요 2:16; 마21:13). 옛 언약백성인 유대인들은 참 예배자들을 방해했습니다. 바울이 복음을 전하며 예배를 드릴 때마다 유대인들의 핍박이

끊이지 않았습니다(행13:45, 14:5,9).[82]

성경은 예배가 사단의 끊임없는 공격 대상이었음을 가르칩니다. 이 일은 성경에서만 일어나지 않습니다. 오늘날에도 예배는 가장 심각하게 공격받고 있습니다. 열린 예배와 구도자 예배라는 이름으로 교회 가운데 가만히 들어온 인간적인 요소는 이루 말로 표현할 수 없을 정도입니다. 예배가 삼위 하나님께만 드려져야 함에도 불구하고, 손뼉을 치고 사람의 이름을 높이고 심지어 신령한 하늘의 양식인 말씀 대신에 간증이라는 순서가 등장했습니다. 말씀의 가르침에 합당한 감정이 아니라, 리듬으로 사람의 감정을 충동질하는 온갖 악기들이 동원되고 있습니다.

어버이 주일 예배, 삼일절 기념예배, 광복절 기념예배는 개혁신앙인으로서 도저히 이해할 수 없는 것들입니다. 부모님을 공경하는 것은 중요한 일입니다. 그러나 이는 모든 신앙인의 삶이지 예배의 대상은 아닙니다. 삼일절이나 광복절을 기념하여 예배하는 것은 더욱 심각합니다. 이러한 날들은 국가적으로 중요하며 그 안에 소속된 국민들이 기억할 만한 일입니다. 그러나 이것이 경배의 대상은 아닙니다. 예배는 오직 삼위 하나님만 기억하게 해야 합니다.

예배의 요소

성경은 구체적인 예배 순서를 언급하지 않습니다. 단지 예배 가운데 어떤 내용이 있었는지 소개합니다. 예배의 순서를 정하는 것

---

82) 예배자가 예배를 받으시는 대상을 닮아간다는 관점에서 성경 전체를 연구한 책으로는 그레고리 K. 비일, 『예배자인가? 우상숭배자인가?』, 김재영, 성기문 역 (서울: 새물결플러스, 2014)를 참고하세요.

은 교회의 권위와 자유에 맡겨졌습니다. 하지만 예배가 어떤 요소로 구성되어야 하느냐는 점은 매우 중요합니다. 우리는 이 면에서 아주 좋은 전통을 갖고 있습니다. 개혁신앙은 예배의 요소를 말할 때, 오직 하나님께서 명하신 것만으로 충분하다고 합니다. 즉, 하나님께서 명하신 것 외에 성경에서 명백하게 금하지 않은 것도 가능하다는 입장을 취하지 않는다는 것입니다.[83] 칼빈 역시 로마 가톨릭의 교회법에 드러난 잘못을 지적하고 예배법이 타락했음을 신랄하게 비판하면서 "자의적인 통치는 하나님 나라에 대한 침해"라고 했습니다.[84] 웨스트민스터 신앙고백 소교리문답 제 51문은 '두 번째 계명에서 금하는 것이 무엇입니까?'라는 질문에, 형상을 만들거나 혹은 말씀이 지시하지 않는 어떤 다른 방식으로 하나님을 예배하는 것을 금한다고 했습니다.[85] 그러므로 예배의 순서가 교회의 자유로운 결정에 맡겨졌다고 해서, 예배의 요소까지 교회가 자유롭게 결정할 수 있다고 생각해서는 안 됩니다. 예배의 요소는 성경이 명하는 것으로만 해야 합니다.

우리의 교회는 개혁주의 신학과 장로회주의 정치체제라는 두 정체성을 동시에 갖고 있습니다.[86] 개혁교회와 장로교회 사이에는 예

---

83) G. I. 윌리암슨, 『웨스트민스터 신앙고백서 강해』, 나용화 역 (서울: 개혁주의 신행협회, 1987), 262, 263.

84) 존 칼빈, 『기독교 강요』, 4.10.7,8.

85) 웨스트민스터 대교리문답 108, 109문 역시 동일한 가르침입니다.

86) 개혁신학과 개혁교회가 매우 성경적인 것임에는 틀림없습니다. 하지만 대한예수교 장로회 고신교단은 개혁주의 신학과 장로회주의 정치체제를 정체성으로 하는 장로교회입니다. 그러므로 개혁교회라는 용어와 장로교회라는 용어를 좀 더 신중하게 사용했으면 좋겠습니다. 또한, 개혁교회가 장로교회보다 더 우월하다고 주장하는 것 역시 조심해야 합니다. 개혁교회나 장로교회는 모두 성경적인 정치체제를 갖고 있으며 각각에 고유한 특징이 있습니다.

배 순서의 차이가 있을 수 있습니다. 그러나 예배의 요소는 동일해야 합니다. 왜냐하면, 하나님께서 명하신 것만으로 충분하다는 전통을 동시에 이어받았기 때문입니다. 이러한 기준으로 이승구 교수가 제시한 예배의 요소를 소개하면 다음과 같습니다.

"공기도가 있었고(행2:42; 딤전2:1,8; 고전14:16; 엡5:20), 성경 봉독이 있었으며(딤전4:13; 살전5:27; 살후3:14; 골4:15,16; 벧후3:15,16; 계1:3), 설교로 그 내용을 풀어주는 일이 있었다(눅4:20; 딤후3:15~17, 4:2). 또한, 새 언약백성들의 찬송이 명령되었고, 시사되었으며(엡5:19; 계5:9~13, 11:17, 15:3,4), 찬송과 기도에 '아멘'으로 응답하는 일이 관례화 되었다(고전14:16; 계5:14; cf. 롬1:25, 9:5; 엡3:21). 가르침은 식탁 교제, 특히 성찬과 연관됐고(행2:42, 20:7), 이때의 감사 기도가 언급되었으며(고전11:24), 세례가 있고 이와 신앙고백이 연관되어(벧전3:21) 공적인 신앙고백이 시사되고 있다(딤전6:12; 벧전3:21; 히13:15; cf. 고전15:1~3). 그리고 가난한 이들을 위한 연보가 때때로 함께 나타났고(고전16:1~3; 고후9:11~15; 빌4:18), 백성들은 삼위일체 하나님의 축복을 받았다(고후13:13; 눅24:50; cf. 민6:22~27)."[87]

개혁신앙을 소유한 개혁교회와 장로교회 선배들은 참 예배를 드리기 위해 많은 노력을 기울였습니다. 웨스트민스터 예배 모범이 제시한 예배 순서는 다음과 같습니다.[88]

---

87) 이승구, 『한국교회가 나아갈 길』(서울: SFC 출판부, 2007), 45.

88) 이승구, 위의 책, 59, 60. 개혁신앙의 선배들이 제안한 몇 가지 예배 순서는 『한국교회가 나아갈 길』 제 3장을 참고하시기 바랍니다. 칼빈과 네덜란드 개혁교회, 로버트 레이몬드의 입장을 소개했고, 마지막에 김홍전 박사가 제안한 예배순서를 저자의 입장에서 평가하면서 제안하기도 했습니다.

말씀의 예전(The Liturgy of the Word)

예배에로의 부름

예배를 위한 기원(하나님을 높이고 찬양하며 성령의 임재를 기원)

구약의 말씀

시편 찬송

신약의 말씀

시편 찬송

죄의 고백과 중보기도

강설

감사기도, 주께서 가르치신 기도

다락방 예전(The Liturgy of the Upper-Room)

성물을 드리는 일

성찬에의 초대

성찬을 위한 감사 기도

성찬 제정의 말씀(고전11장) 봉독

교훈의 말

봉헌 기도

분병, 분잔

참여와 묵상

성찬에 참여한 자다운 생활을 위한 권면

성찬 후의 기도

시편 찬송

축복 기도[89]

---

89) 웨스트민스터 신앙고백서를 받아들이는 장로교회들은 이 부분을 좀 더 신중하게 검토해야 합니다. 대한예수교 장로회 고신교단도 최근 예배모범을 새롭게 정리했습니다. 옛 헌법에 소개된 예배모범보다 개혁신앙의 선배들의 입장에 충실한 모습이 발견되기도 합니다만, 그럼에도 불구하고 좀 더 세밀히 살펴야 할 부분도 있음을 아쉽게 생각합니다.

유해무 교수는 예배가 삼위 하나님께서 주시는 부분과 교중이 드리는 부분으로 구성된다고 하면서 예배를 언약적 만남과 교제라 했습니다. 그리고 우리의 예배 방향을 '고대교회로의 예배회복'으로 잡아야 한다고 했습니다.[90] 이때 고대교회로의 예배회복은 말씀의 예배와 성찬의 예배입니다. 그 순서를 소개하면 다음과 같습니다.[91]

제1부 말씀의 예전
　　사죄의 기도
　　성경봉독: 율법서, 예언서, 서신서, 사도행전, 복음서 등 봉독
　　시편송(성경봉독 중간에) – 찬양대
　　설교
　　학습교인 퇴장

제2부 다락방 예전(성찬의 예전)
　　집례자의 기도
　　인사
　　거룩한 입맞춤
　　봉헌: 시편찬송을 부르면서 헌금과 떡과 포도주 준비
　　"마음을 위로 향하여"선언
　　성찬 기도
　　　– 창조와 섭리에 대한 감사
　　　– '거룩하다'를 세 번 찬송
　　　– 구속에 대한 감사의 기도
　　　– 성찬 제정사
　　　– 예수님의 고난 회상

---

90) 유해무, 『예배의 개혁, 참된 교회 개혁의 길』(여수: 그라티아, 2013), 22.

91) 유해무, 위의 책, 35, 36.

- 성령님의 강림을 위한 기도
- 중보의 기도
주기도문
영광송(눅2:14)과 호산나 찬송(마21:9)
떡과 포도주를 나눔
성찬 참여: 시편 34편 찬송
감사 기도
강복선언(축도)
폐회

웨스트민스터 예배모범과 유해무 교수가 소개한 예배에는 동일한 특징이 있습니다. 예배가 말씀과 성례라는 두 가지 큰 기둥으로 구성되었다는 점입니다. 우리의 예배는 성례의 비중이 매우 약화된 예배라는 사실을 알 수 있습니다. 이는 우리가 반드시 회복해야 될 사안입니다. 칼빈의 초기 제네바 사역에서 시의회와 대립한 문제 중 하나가 바로 '성찬을 매주 집행해야 하느냐' 하는 문제였습니다. 위의 두 예배 순서에서 한 가지 더 발견할 수 있는 점은 시편 찬송입니다. 개혁신학에서 예배 음악을 이해하는 가장 보편적이며 기초적인 측면이 바로 이것입니다. 바로, 시편이 예배 찬송이어야 한다는 점입니다. 시편이야말로 가장 즐겨 불러야 할 찬송입니다. 찬송은 하나님께서 행하신 구원의 영광을 그 백성들이 다시 하나님께 돌려드리는 것입니다. 그렇다면 시편만큼 좋은 찬송이 없습니다.

예배 회복을 소망하며

제 2계명은 삼위 하나님의 형상을 어떤 방식으로든지 표현하는 것을 철저하게 금합니다. 그러나 장로교회의 예배당에는 목자상과 예수님의 그림들로 장식되어 있습니다. 참 예배를 회복하기 위해 피 흘린 선배들의 수고가 무색할 정도입니다. 이에 대해 아무런 죄책이나 분노를 느끼지 못하는 것은 우리의 신앙이 그만큼 위험에 노출되어 있음을 뜻합니다.

이스라엘은 총회와 회중으로 모여 교회가 되고 예배 공동체가 되었습니다.[92] 시내 산에서 언약을 맺을 때나 성전 낙성식 때에도 그러했습니다. 신약의 예배도 천만 천사와 장자들의 총회와 교회가 삼위 하나님과 함께 합니다. 지역교회는 온 성도가 한 자리에 모임으로 예배합니다. 곧 예배함으로 한 교회됨을 확증합니다. 그러므로 예배가 나누어질 수 없습니다. 한국 교회 안에 자리 잡은 '1부 예배, 2부 예배' 운운하는 모습은 연약함을 지나 타락의 한 증상입니다.

오전에 드리는 예배를 대예배(大禮拜)라 부르는 것도 잘못입니다. 예배에 큰 것과 작은 것이 있을 수 없습니다. 오전에 드리는 예배와 오후에 드리는 예배가 동일한 예배입니다. 수요 예배가 아니라 수요 기도회입니다. 금요 예배가 아니라 금요 기도회입니다. 주일학교 예배가 아니라 주일학교 모임이며, 중고등부 예배가 아니라 중고등부 모임입니다. 모든 예배는 헌신의 개념이 이미 있으므로 'ㅇㅇ 헌신예배'라는 말도 쓰지 않았으면 좋겠습니다. 특정 계층의 연합 집회는 경건회입니다. 학생신앙운동 수련회에서 행하는 모든 모임은 집회 혹은 경건회입니다. 그러므로 예배 이외의 모임에서 축복의 선언은 할 수 없습니다. 말씀과 성례가 중심이 된 예배가 그립습니다. 시편찬송이 하늘 보좌에 울려퍼지는 그날을 소망합니다.

---

92) 유해무, 『개혁교의학』, 531.

참 예배는 온 교회가 공적으로 모여 오직 삼위 하나님만 높이며, 그분의 말씀을 통해 책망과 위로를 받고, 하늘의 뜻을 깊이 드러내는 천상의 모임이어야 합니다. 하늘 백성이 누릴 수 있는 가장 최고의 순간은 바로 하나님께 예배하는 시간입니다. 하나님께서 이스라엘을 출애굽 시키실 때 그들을 '여호와의 군대'라 하셨습니다(출7:4, 12:17,41,51; 민1:3,52, 2:3). 여호와의 군대가 하나님으로부터 받은 가장 강력한 무기는 바로 예배였습니다. 예배는 사단의 세력을 정복하는 원동력입니다. 예배가 바르게 행해질 때 진정한 승리가 보장됩니다.

| 복음전파 [93]

복음전파의 내용

하나님은 말씀으로 자신의 왕국을 건설하셨습니다(창1:3,6,9,11,14, 20,24,26; 요1:1~3). 그 왕국은 아담에게 맡겨졌습니다. 죄로 말미암아 아담은 하나님의 왕국을 다스릴 권세를 잃었고, 하나님의 왕국도 사라졌습니다. 구약성경은 하나님의 백성들에게 그 왕국이 어떻게 다시 선물로 주어질 것인지 소개했습니다. 여자의 후손인 예수님께서는 왕으로 이 땅에 오셨고, 자신의 백성들을 부르셨습니다.

---

93) 일반적으로 선교학에서는 전도와 선교를 분리하여 가르칩니다. 물론 이러한 분류가 현실적으로 사역의 영역을 규정하는 데는 도움이 될 수 있습니다. 그러나 성경은 전도와 선교를 따로 분리하여 말하지 않습니다. 성경은 전도, 복음전파를 항상 교차적으로 사용합니다. 그러므로 우리는 국내에서 행하는 복음전파인 전도이든지, 국외에서 행하는 복음전파인 선교이든지(사실, 성경에서는 이 용어를 사용하지 않습니다) 복음전파라는 용어 안에 모든 것이 포함되었음을 인식하고 있어야 합니다.

옛 백성들을 버리시고 새 백성을 불러 하나님 나라의 백성이 되게 하셨습니다. 그 백성이 곧 교회입니다. 전에는 백성이 아니었던 자들이, 이제는 하나님의 백성으로 모인 교회(벧전2:10). 그 교회는 자신들을 어두운데서 불러내어 그의 기이한 빛에 들어가게 하신 자의 아름다운 덕을 선전하는 사명을 받았습니다(벧전2:9).

신약성경은 복음을 전파하라는 명령과 복음전파자의 삶을 살아야 한다는 권고로 가득합니다. 복음, 곧 기쁜 소식은 하나님께서 주신 은혜의 선물입니다. 옛 믿음의 선진들은 이 복음에 대한 증거를 받았지만, 약속을 받지는 못했습니다(히11:39). 그러나 예수님께서 친히 약속이 되셨고 새 언약을 온전히 성취하셨습니다(마5:17). 그 교회가 선전해야 될 복음의 내용은 하나님 나라입니다. 여자의 후손으로 오신 예수님께서는 "회개하라 천국이 가까웠느니라"라고 하셨습니다(마4:17). 예수님의 길을 예비한 옛 언약 하(下)의 마지막 선지자인 세례요한도 "회개하라 천국이 가까웠느니라"라고 했습니다(마3:2). 갈릴리 지역에서 사역을 시작하신 예수님의 첫 외침이 곧 천국 복음의 선포였습니다(마4:23). 예수님께서는 제자들에게 "천국이 가까웠다"고 전파하라 명하셨습니다(마10:7). 우리 주님께서도 늘 천국 곧 하나님 나라에 대해 친히 가르치셨습니다(마5:3, 10, 19, 20, 7:21, 8:11, 9:35, 11:11,12, 13:11,19,24,31,33,38,44,45,47,52, 16:19, 18:3,23, 19:12,14,23, 20:1, 22:2, 23:13, 24:14, 25:1). 마지막 사도인 바울의 핵심 메시지도 하나님 나라였습니다(행14:22, 19:8, 20:25, 28:23,31).

그러므로 하나님 나라에 대한 풍성한 가르침을 동반하지 않는다면, 우리는 심하게 왜곡되거나 결함이 있는 복음을 전하게 될 수 있음을 명심해야 합니다. 성경에 등장하는 유대인들이 복음을 듣고 회개에 이르는 모습을 모델로 삼아 아주 간단한 몇 마디 설교로 복음을 전하려는 분들이 종종 있습니다. 그러나 이는 오해에서 비롯된 것입니다. 복음을 받아들인 그 유대인들은 구약성경과 예수님의 행적에 대한 상당한 식견을 가진 사람들이었습니다.

한국 교회는 복음전파의 열정이 뜨겁기로 유명합니다. 가가호호(家家戶戶) 방문하며 전도지를 건네고, 거리마다 전도자들이 '예수 천국, 불신 지옥'을 외칩니다. 교회마다 전도 집회를 정기적으로 합니다. 심지어 많이 전도한 사람에게는 푸짐한 상을 수여하여 전도에 적극적으로 동참케 합니다. 열심히 복음을 전하는 것을 마다할 성도는 없습니다. 수많은 전도 방법들이 소개되어 있습니다. 그러나 하나님께서 원하시는 원리와 방법대로 행해지는지 반드시 확인해야 합니다.

복음전파에는 하나님 나라에 대한 설명이 풍성하게 드러나야 합니다. 이는 결국 복음전파가 전체 성경과 오직 성경만으로 충분함을 의미합니다. 그래서 바울은 디모데에게 "너는 말씀을 전파하라 때를 얻든지 못 얻든지 항상 힘쓰라(딤후4:2)"고 했습니다.[94] 복음전파는 설교에서 출발합니다. 설교는 '전체 성경'이요, '오직 성경'이어야 합니다. 성경은 구원의 책이요, 영생의 책입니다(딤후3:15; 요5:39).

---

94) 권기현, 『선교, 교회의 사명』, 제 2장을 참고하세요. 이 본문의 주경학적 의미뿐만 아니라 선교학적 의미까지 상세히 잘 밝혔습니다.

교회, 복음전파의 주체

한국 교회가 파송한 선교사의 수가 2만 명을 넘었다고 합니다.[95] 이는 세계적으로 경이로운 일입니다. 복음을 받은 지 100여 년이 지난 뒤에 이렇게 많은 숫자의 선교사를 파송한 경우는 세계 선교 역사에서 찾아볼 수 없기 때문입니다. 그러나 많은 선교사 파송을 자랑으로만 생각할 수 없는 이유가 있습니다. 각 교단의 선교부에서 파송 받은 선교사의 숫자보다 선교단체로부터 파송 받은 선교사의 숫자가 더 많다는 사실은 무엇을 의미합니까? 이는 복음전파의 주된 기관이 교회가 아닌 선교단체라는 사실을 입증합니다. 이러한 현상이 성경적입니까?

안디옥 교회가 바울과 바나바를 복음전파자로 파송한 성경의 가르침을 우리는 어떻게 이해해야 합니까?[96] 스데반의 죽음으로 인해 흩어진 성도들이 안디옥에서 복음을 전해 교회가 세워졌습니다. 그때, 예루살렘 교회는 안디옥에 바나바를 파송하여 목회하게 했습니다(행11:22,26).[97] 바나바는 이미 예루살렘 교회에서 교사로 파송된 것이었습니다. 즉 바나바는 일종의 선교사였습니다. 그런데 사도행전 13장에서 다시 바나바와 사울을 복음전파자(선교사)로 파송하니

---

95) 한국세계선교협의회(KWMA)의 2012년 1월 보고에 의하면, 23,331명의 선교사가 파송되었고, 교단파송 선교사가 46%, 선교단체 소속이 54%였습니다. 이는 총 252개 교단 및 선교단체가 조사에 응한 결과입니다. 그러나 실제 현장에는 이보다 훨씬 많다고 알려져 있습니다.

96) 선교의 주체가 교회여야 한다는 성경적 가르침에 대한 좋은 안내서는 고재수 교수의 『구속사적 설교의 실제』, '교회의 선교', 153~160를 참고하세요.

97) 바나바가 목회를 했다는 것은 사도행전 11:26에서 "큰 무리를 가르쳤고"라는 말씀에서 확증됩니다. 이는 마태복음 28:20에서 예수님께서 사도들에게 "모든 것을 가르쳐 지키게 하라"는 말씀의 성취요, 순종입니다. 사도들은 이 명령을 따라 방방곡곡에 다니며 세례를 주면서 가르쳐 교회를 세웠습니다. 바나바와 바울의 사역은 바로 이 말씀의 연장선 상에 있습니다.

다. 특히 성령님께서 이 일을 주도적으로 행하십니다. "성령이 가라 사대 내가 불러 시키는 일을 위하여 바나바와 사울을 따로 세우라 하시니(행13:2)."

성령님께서는 안디옥 교회로 하여금 바나바와 바울을 복음전파자(선교사)로 파송케 하셨습니다. 이 일은 선교단체의 영역이 아니었습니다. 성령님께서 친히 명령하셨고, 안디옥 교회는 그 명령에 순종하여 금식하며 기도하고, 안수하여 두 사람을 파송했습니다. 성경 어느 곳에도 복음전파자(선교사) 파송의 주체가 선교단체라고 말하지 않습니다. 물론 선교단체는 복음전파에 매우 중요한 역할을 하기도 합니다. 때때로 교회가 복음전파에 무관심하고 무기력할 때, 하나님께서는 선교단체를 통해 복음전파의 사명을 감당케 하기도 하셨습니다. 그러나 종교개혁은 '오직 성경'을 외쳤고 개신교회는 모두 종교개혁자들의 후예들입니다. 우리는 성경이 가라는 곳으로 가야하고, 성경이 멈추라는 곳에서 멈추어야 합니다.

한국세계선교협의회(KWMA)의 보고에 의하면, 선교사들이 다양한 영역에서 활동하고 있는 것을 알 수 있습니다. 교회개척, 제자훈련, 교육, 복지, 개발, 의료, 문화, 스포츠, 성경번역, 방송, 선교행정, 선교동원, MK사역, 문서 출판, 상담 치유, 어린이 및 청소년 사역 등등. 이러한 다양한 선교영역은 필연적으로 다음 질문을 하게 합니다. '누가 복음전파자(선교사)입니까? 복음전파자(선교사)는 어떤 사역을 하는 사람들입니까? 복음전파자(선교사)의 아내도 복음전파자(선교사)입니까? 만약 그러하다면, 부모를 돕는 복음전파자(선교사)의 자녀들도 선교사입니까?' 이 질문들은 결국 복음전파자(선교사)

사역의 본질에 대한 질문으로 귀결됩니다.

사도행전 13:1은 안디옥 교회를 이렇게 소개합니다. "안디옥 교회에 선지자들과 교사들이 있으니(ἦσαν δὲ ἐν Ἀντιοχείᾳ κατὰ τὴν οὖσαν ἐκκλησίαν προφῆται καὶ διδάσκαλοι)." 바나바와 바울은 바로 선지자들과 교사들의 일원이었습니다. 이들은 에베소서 4:11에서 말하는, 바로 그들입니다. "그가 혹은 사도로, 혹은 선지자로, 혹은 복음 전하는 자로, 혹은 목사와 교사로 주셨으니." 사도와 선지자는 교회의 터입니다(엡2:20).[98] 사도와 선지자들이 전하는 복음의 터 위에 교회가 세워졌습니다. 이는 '사도성'이라고 부르는 교회의 속성 중 하나입니다. 에베소서 4:11은 그 다음으로 복음 전하는 자와 목사와 교사를 말합니다. 이들은 말씀을 맡은 자들입니다. 그러므로 안디옥 교회가 성령님의 명령을 따라 다른 이들이 아니라 바나바와 바울을 파송했던 이유는 그들이 말씀을 가르칠 수 있는 자들이기 때문이었습니다.

복음전파자(선교사)는 성경, 곧 하나님의 말씀을 설교하는 자들입니다. 복음전파의 내용은 하나님 나라입니다. 복음전파자로서 선교사는 하나님 나라를 전해야 합니다. 이 일을 위해 부름 받은 분들이 바로 선교사입니다. 그 외에 선교에 필요한 다양한 사역들은 누구나 할 수 있는 일들입니다. 한국에서 교육에 종사하면서 다른 사람들을 돕는 사람들을 복음전파자(선교사)라 부르지 않습니다. 의료봉사를 하는 의사들을 복음전파자(선교사)라 부르지 않습니다. 구제하고 생활에 도움을 주는 일은, 성도라면 누구나 하는 일입니다. 다양

---

98) 여기 나열된 직분에 대한 더 풍성한 이해는 권기현, 『선교, 교회의 사명』, 제 2장, 각주 1을 참고하세요.

한 영역에서 다양한 사역을 하는 이들을 한국에서는 복음전파자(선교사)라 부르지 않습니다. 그런데 이러한 다양한 일을 외국에서 하기만 하면, 그들이 선교사가 됩니까?[99] 그렇지 않습니다. 성경은 아주 명확하게 가르칩니다. 선지자들과 교사들이 바로 선교사라 합니다.

안디옥 교회의 파송을 받은 바울과 바나바는 무엇을 하였습니까? 물론, 그들은 열심히 하나님 나라를 전했습니다(행20:25). 그들이 그렇게 열심히 하나님 나라의 복음을 전한 목적이 무엇입니까? 교회 건설입니다. 예수님께서 마태복음 28:18~20에서 명령하신 것을 이루는 일입니다. 세례를 주면서 가르치면서 제자를 삼는 일입니다. 여기 제자를 삼는다는 말씀은 제자훈련을 의미하지 않습니다. 제자 삼음은 바로 교회 건설입니다. 바울과 바나바는 새로운 도시를 방문할 때마다 교회를 건설했습니다. 사도행전 14:21~23에서 너무나 분명하게 가르칩니다. 22절에서 "제자들의 마음을 굳게 하여"라고 한 후, 23절에서 "각 교회에서"라고 했습니다. 제자 삼는 것이 곧 교회 건설이라는 사실을 분명히 가르칩니다.

그렇다면 교회는 어떻게 건설됩니까? 직분을 세움으로 건설됩니다. 에베소서 4:11에서는 직분을 언급하고 나서, 그 목적을 다음 절에서 소개합니다. "성도를 온전케 하며 봉사의 일을 하게 하며 그리스도의 몸을 세우려 하심이라." 그리스도의 몸, 곧 교회를 세우는 것이 직분의 목적입니다. 그래서 바울과 바나바는 1차 복음전파 사역을 마무리 하면서 각 교회에서 '장로들을 택했다'고 했습니다(참

99) 이는 결코 외국에서 여러 영역에 걸쳐 봉사하고 계시는 분들을 폄훼하고자 함이 아니라는 사실을 밝힙니다. 먼 이국 땅에서 수고하시는 여러 봉사의 손길은 정말 귀하고 아름답습니다. 그러나 성경이 가르치는 바를 따라 선교해야 한다는 원리는 확고한 것입니다.

고, 딛1:5). 복음전파자(선교사)는 열심히 하나님 나라의 복음을 전해야 합니다. 또한 바르게 전해야 합니다. 그러나 복음전파가 거기에서 끝마쳐서는 안됩니다. 교회가 건설되어야 합니다. 그리고 그 교회에 직분자가 세워져야 합니다. 그러할 때, 온전한 선교가 이루어졌다 할 수 있습니다.

선교의 목적이 교회 건설이라 한다면, 직분자를 세움으로 선교가 더욱 온전해진다는 것을 알 수 있습니다. 이를 바탕으로 가장 온전한 선교 방법이 무엇인지도 알 수 있습니다. 은혜의 방편인 말씀, 성례, 기도가 가장 요긴한 선교 방법입니다. 다른 잡다한 프로그램이 교회 건설을 온전하게 할 수 없습니다. 선교지의 교회든지 국내에서 새롭게 개척한 교회든지, 은혜의 방편이야말로 가장 온전한 복음전파 방법이요 원리입니다.

예수님께서는 세례를 주면서 가르치면서 교회를 세우라 명하셨습니다(마28:18~20). 세례와 가르침은 바로 은혜의 방편을 의미합니다. 믿음은 말씀을 들음으로 발생하며, 성례는 그 믿음을 더욱 견고하게 합니다. 기도는 하나님의 뜻을 깨닫는 도구요, 그 뜻대로 살아가는 능력이며, 삼위 하나님과의 교제입니다. 성도들의 기도는 고엘(구속자 또는 보수자)이신 하나님의 손을 움직이게 합니다(계5:8, 8:3~5).

복음전파의 현장
복음전파(선교)는 하나님의 선택에 기초합니다. 즉, 복음전파는 택하신 백성을 부르시는 하나님의 지혜입니다(고전1:24). 여기에는 누구의 공로도 없습니다. 오직 하나님께서만 영광을 얻으십니다. 그러므로 전도 왕을 뽑는다든지, 상급을 주는 행위는 인간의 공적을 기리는 일입니다. 복음전파는 특정한 몇 사람에게 맡겨진 사명은 아닙니다. 이는 모든 성도가 감당해야 할 몫입니다. 그렇다고 해서 아무나 복음전파의 사역을 감당해야 된다는 뜻은 아닙니다. 복음전파는 복음에 대한 기본적인 도리를 알고 있는 이들이 감당해야 합니다. 복음의 내용, 곧 그리스도의 삶, 죽음, 부활, 승천과 재림, 그리고 그 그리스도께서 이루고자 하셨던 하나님 나라에 대한 이해가 있어야 합니다. 불이 유용하고 인간 생활에 생명을 불어 넣는다고 해서 불을 사용할 줄 모르는 어린아이에게 함부로 사용케 하지 않는 것과 같습니다.

단지 선교 현장의 문화와 언어와 역사와 지역 형편을 잘 아는 사람이라고 해서 선교 전문가라고 생각해서는 안됩니다. 물론, 선교사는 자신이 파송 받은 국가의 여러 가지 정황을 잘 알고 있어야 합니다. 하지만 일반적인 국가 정보를 많이 아는 것이 선교 전문가의 자격이 되지는 않습니다. 선교 전문가는 하나님의 말씀에 대한 이해가 깊은 사람이어야 합니다. 선교의 모든 원리가 성경에서 나오기 때문입니다. 그래서 선교사는 말씀을 가르치는 그리고 말씀을 가르칠 수 있는 자격을 갖춘 사람이어야 합니다.

선교사들은 대체로 본국에서 오는 손님들을 접대하는 일로 분주합니다. 이들에게 자신의 후원과 평판이 달려있기 때문입니다. 이얼마나 기형적인 모습입니까! 선교지를 방문하는 성도들이나 교회의 지도자들도 이 면에서 바른 시각이 정립되어 있어야 합니다. 손

님을 안내하는 일은 중요합니다. 그러나 그것이 선교사의 기본적인
사역을 제쳐두고 해야 할 일은 아닙니다.

| 교회연합

교회연합의 의미

솔로몬 사후, 하나님께서는 왕국을 둘로 나누셨습니다(왕상11:11~
13). 솔로몬의 범죄의 결과였습니다. 지혜의 왕이었던 솔로몬은 지
혜의 근원인 말씀을 버렸습니다. 그는 아내를 많이 두었고, 말(馬)과
은, 금을 의지했습니다. 그로 인해 북 이스라엘과 남 유다로 나라가
분열되는 결과를 초래했습니다. 분열은 하나님의 징계였습니다(왕
상11:38,39). 그 이후 두 왕국은 차례대로 멸망의 길을 갔습니다.

고린도 교회는 분쟁 때문에 가장 신랄하게 비판 받았습니다(고전
1:11). 고린도 교회 성도들은 바울, 아볼로, 게바, 심지어 그리스도
의 이름을 이용하여 분쟁을 일삼았습니다. 바울은 이러한 분쟁을
일삼는 교회를 향하여 "그리스도께서 어찌 나뉘었느뇨"라고 했습니
다(고전1:13). 바울은 고린도 교회 외에도 여러 곳에서 하나 됨을 강
조했습니다(고전12:13). 특히 에베소 교회에 편지하면서 이방인과 유
대인이 그리스도의 십자가의 은혜로 한 몸이 되었다고 했습니다(엡
2:14~16). 또한, 골로새 교회를 향하여 "너희가 한 몸으로 부르심을
받았나니"라고 했습니다(골3:15).

삼위 하나님께서는 자기 백성들을 하나로 부르셨습니다. 우리는
예수님의 청원을 교회연합의 근거로 삼습니다.[100] "아버지께서 내

---

100) 칼빈은 그리스도를 머리로 하는 것이 연합의 조건이라 했습니다(『기독교 강요』,

안에, 내가 아버지 안에 있는 것같이 저희도 다 하나가 되어 우리 안에 있게 하사 … 중략 … 우리가 하나가 된 것같이 저희도 하나가 되게 하려 함이니이다(요17:21,22)." 그러므로 교회연합은 선택이 아니라 필수입니다.

베드로는 고넬료의 집에 초대되었습니다. 고넬료는 이방 군대의 백부장이었지만 하나님께 항상 기도하던 경건한 사람이었습니다(행 10:1,2). 그가 기도 중에 하나님의 사자로부터 베드로를 청할 것을 지시 받았습니다. 베드로가 그의 집에서 하나님의 구속 역사를 설교했습니다. 그러자 성령이 말씀 듣는 모든 사람에게 임했으며, 방언으로 말했습니다(행10:44~46). 이 광경을 목격한 베드로 일행은 매우 놀랐습니다. 베드로 일행이 무엇 때문에 놀랐습니까? "이방인들에게도 성령 부어 주심을 인하여" 놀랐습니다(행10:45). 성령님께서는 이방인과 유대인이 한 하나님의 백성, 곧 한 교회됨을 선포하셨습니다. 이것이 바로 연합입니다.

사도들의 활동으로 여러 도시에 교회가 건설되었습니다. 예루살렘을 필두로 안디옥, 에베소, 라오디게아, 골로새, 고린도, 아덴 그리고 로마까지. 도시들에서는 각 가정마다 소규모로 나누어 교회가 형성되었습니다. 많은 신자들이 출현했고, 그리하여 여러 집에서 모인다고 할지라도 그들은 그 지역에서 단 하나의 교회를 형성했습니다. 유대와 사마리아의 모든 공동체는 '교회'라는 하나의 이름 아래 단수형으로 요약됩니다.[101] 이는 교회가 하나의 교회라는 사실을

4.2.6). 그는 키프리안의 주장을 따라 교회 전체가 일치되는 것은 모두가 그리스도를 교회의 감독으로 모실 때에만 가능하다고 했습니다.

101) 헤르만 바빙크, 『개혁교의학 4권』, 박태현 역 (서울: 부흥과개혁사, 2011), 329.

강조합니다.

예수님의 가르침을 따라 교회는 하나여야 합니다. 이는 한 지역 교회 안의 구성원들이 유대인과 이방인의 구별이 없는 공동체가 되는 것이기도 하며, 동시에 여러 지역에 흩어져 있는 교회도 한 주님을 모시는 한 교회임을 고백하게 합니다.

교회연합의 실제

한 지역 교회 안에는 다양한 사람들이 속합니다. 출신지역과 성향이 다를 뿐만 아니라 부자와 가난한 자가 한 교회의 구성원이 됩니다. 높은 학력의 소유자가 있는가 하면, 그렇지 못한 경우도 있습니다. 교회는 이 모든 것을 초월하여 예수님께 연합된 한 몸입니다. 교회연합은 우선 한 지역 교회 안에서 먼저 이루어져야 합니다. 그러므로 하나의 교회를 헤치는 어떠한 행위도 용납해서는 안 됩니다. 당회는 성도들의 삶에서 이러한 하나 됨을 유지하기 위해 선한 의미의 감독을 철저히 해야 합니다.

무질서와 험담, 비방과 수군수군은 교회의 하나 됨을 방해하는 사단의 계략입니다. 바울은 고린도 교회를 향하여 매우 강한 어조로 권면합니다. "내가 갈 때에 … 중략 … 또 다툼과 시기와 분냄과 당짓는 것과 중상함과 수군수군하는 것과 거만함과 어지러운 것이 있을까 두려워하고(고후 12:20)."

한 지역 교회의 하나 됨을 유지하고 추구하는 것도 중요하지만 동시에 교회와 교회의 연합도 매우 중요합니다. 우리는 칼빈 선생이 보여주었던 연합을 향한 열정을 그대로 이어가야 합니다. 칼빈이 토마스 크랜머(Thomas Cranmer)에게 쓴 그 유명한 편지의 한 부분을 기억합시다. "이 연합의 일이라면 열 바다라도 사양하지 않겠습니다."

하지만 이 당위 앞에서 칼빈이 걸어간 길은 다음과 같은 질문을 하게 합니다. 왜 칼빈은 로마 가톨릭 교회와 재세례파 교회를 비판하면서 그들과 결별했습니까? 거짓 교회와는 반드시 결별해야 한다는 그의 믿음 때문이었습니다. 칼빈은 교회의 표지에 유의한다면 경솔한 분리를 막을 수 있다고 생각했습니다. 그리하여 말씀을 순수하게 선포하고 성례를 순수하게 집행하면 다른 결점이 있더라도 그 공동체를 거부할 수 없다고 했습니다(『기독교 강요』, 4.1.12). 그러면서 로마 가톨릭 교회는 부패하여 거짓 교회가 되었음을 증거했습니다(『기독교 강요』, 4.2.9). 칼빈에게 있어서 교회연합의 기준은 매우 분명했습니다. 그는 중요한 교리를 손상시키지 않고, 모든 신자가 동의해야 하는 신조들을 파괴하지 않는 과오와 성례에 대해서 주님의 합법적인 제도를 폐지하거나 전복시키지 않는 과오는 용서해야 된다고 했습니다(『기독교 강요』, 4.2.1).[102]

그러나 2000년 교회 역사는 분열의 역사입니다. 동·서방 교회의 분열이 그러하고, 특별히 한국 장로교회의 분열은 완악함의 극치입니다. 그렇다고 하여, 조건 없는 연합운동을 추구해야 할까요? 교회

---

102) 여기 칼빈이 말하는 '중요한 교리'의 범주를 어떻게 규정하는가는 매우 어렵고 조심스러운 문제입니다. 칼빈의 경우, 구약의 아합 시대와 16세기의 교회를 비교하면서 자기 시대의 교회가 더 악하다고 했습니다. 그 근거로 아합 시대에는 심각한 우상숭배가 있었지만 그럼에도 불구하고 참 선지자들에게 우상숭배에 참여하지 않을 자유가 있었다고 했습니다. 그러나 로마 가톨릭 교회는 이보다 한 걸음 더 나아가 자신들의 미사에 참여하지 않으면 진정한 교제가 이루어질 수 없다고 주장함으로 그 자유를 박탈하였기에 거짓 교회요, 성례를 파괴한 것으로 이해했습니다(『기독교 강요』, 4.2.7~12).

연합이 아무리 당위성이 있다고 해서 아무렇게나 할 수 있는 것이 아닙니다. 분열이 정당한 절차와 확인을 거치듯이, 연합 또한 정당한 절차와 확인을 거쳐야 합니다. 칼빈에게 교회의 표지(말씀, 성례, 권징)는 분열과 연합의 근거였습니다.

우리는 칼빈의 가르침을 존중합니다. 동시에 우리 신앙의 선배들이 물려준 유산을 감사히 받습니다. 우리는 교회연합에 대해 안전하고 명확한 기준을 이미 갖고 있습니다. 다름아닌, 신앙고백입니다. 삼대 공교회 신조와 개혁교회의 세 일치 신조(벨직 신앙고백, 하이델베르크 신앙고백, 도르트 신경) 그리고 웨스트민스터 신앙고백입니다. 이는 교회연합의 중요한 기준입니다.

원리적으로 일어나지 말아야 할 일들이 현실에서 일어나는 것이 세상사입니다. 한 교단과 다른 교단의 연합을 논하기에 앞서 같은 교단의 교회들 안에서 진정한 연합이 이루어지지 않는 현실입니다. 설명할 수 없는 기형적인 현상 앞에 그저 난감한 입장을 표할 수밖에 없는 우리의 시대…. 한 교단 안에 개혁신학과 신앙을 따라 건설되는 교회가 있는가 하면, 치유집회와 은사집회를 통해 건설되는 교회도 있습니다. 한 신학을 받아들인다고 고백하면서 다른 신학을 따라 세워진 교회들. 오순절주의와 알미니안주의, 복음주의와 개혁주의가 공존하는 이 현상을 설명할 길이 없습니다. 목회자의 성향에 따라 달라지는 교회의 신앙행태를 무엇으로 설명할 수 있겠습니까!

말씀에 가장 민감하게 반응해야 하는 목회자들의 모임에서, 진지한 성경적 원리에 대한 대화보다 서로의 목회를 존중한다는 미명하에 일상적인 대화만 오고 가는 이 서글픈 현장을 어떻게 이해할 수 있을까요! 장로회주의 정치체제에 있어서 노회가 갖는 고귀한 성격을 살려야 합니다. 노회는 소속된 교회들의 행정적인 일들만 처리하는 기관이 아닙니다. 물론 행정적인 일들을 바르게 잘 처리해야 합니다. 그러나 노회는 항상 신학을 논해야 하고, 신학적 관점에서 소속 교회들을 평가하고 지도해야 합니다. 그러할 때 진정한 연합의 장이 열릴 수 있습니다. 연합집회는 많지만 참된 연합은 사라진 오늘의 교회 현장을 개혁해야 합니다.

교단과 교단의 연합은 몇몇 지도자들의 제안만으로 이루어지는 것이 아닙니다. 또한 급한 연합과 일치도 지양해야 합니다. 우리 고신교회는 이미 잘못된 연합의 뼈아픈 상흔을 갖고 있습니다. 이 일 때문에 교단 안팎에서 고신교회가 분리주의적이라는 비난을 받고 있습니다.[103] 교회연합은 2000년 교회 역사에서 공교회가 고백한 고백을 함께 신앙함으로 이루어져야 합니다. 니케아 신경, 사도신경, 아타나시우스 신경, 하이델베르크 교리문답, 벨직 신앙고백, 도르트 신경, 웨스트민스터 신앙고백과 대·소교리문답. 개혁신학을 추구하는 장로교회들과 개혁교회들은 바로 이러한 신앙고백을 믿음의 내용으로 받았습니다. 이는 교회의 표지요 은혜의 방편인 말씀과 성례를 통하여 더욱 구체화됩니다.

이는 안디옥 교회에 문제가 발생했을 때, 그들이 취한 행동에서

---

103) 1960년대 초기의 합동과 환원에 대한 평가로 인해 한때, 교단 안팎에서 분분한 의견들이 오갔습니다. 어떤 사안을 평가함에 있어서 '분리주의적'이라 하는 것은 매우 조심해야 할 표현입니다. 분리주의적이라는 말은 분리주의를 지향하고 그 이론을 따라 항상 움직이는, 곧 분리주의가 삶의 기준이요 철학일 때 사용해야 합니다. 한두 번의 실수와 잘못을 어떤 주의(~ism)와 결부시켜 평가하는 것은 역사와 사건을 매우 편향되게 바라보는 것이며, 그게 아니라면 그 속에 다른 의도가 있다고 밖에 생각할 수 없습니다.

더욱 확증됩니다(행15:1,2). 거짓 교사들이 예루살렘에서 안디옥으로 왔습니다. 그들은 안디옥 교회의 말씀 사역자였던 바울과 바나바와는 다른 복음을 전했습니다. 그때 안디옥 교회는 예루살렘 교회에 대표를 파송하여 이 문제를 의논했습니다. 그리고 동일한 신앙을 확인했습니다. 안디옥 교회와 예루살렘 교회가 취한 모습을 보십시오. 이들은 한 번도 기구적인 연합을 꾀하지 않았습니다. 이들은 철저하게 서로의 믿는 바가 무엇인지에 대해 의논했고, 결국에는 한 신앙 한 믿음을 가졌음을 확증했습니다. 교회연합은 동일한 신앙고백 위에서 이루어져야 함이 자명합니다.

그러므로 교회연합은 우선 각자의 믿는 바를 먼저 확인하는 절차를 거쳐야 합니다. 합동추진위원회를 구성할 것이 아니라 합동준비위원회를 먼저 구성해야 합니다. 그리하여 각 교단이 고백한 신앙고백들을 살피고, 그 고백들에 실제로 신실한지 실질이 있는지도 함께 확인해야 합니다. 그런 후에 조직과 기구들을 살펴야 합니다. 분열이 하루 아침에 이루어지지 않듯이 연합 또한 1~2년 안에 이루어야 하는 것이 아닙니다. 참된 연합은 모든 것이 주님의 은혜라는 고백 위에 이루어지는 것입니다.

1. 교회의 사명 세 가지는 무엇입니까?

2. 언약 맺음과 예배를 어떻게 이해해야 합니까?

3. 요한복음 4:23~24에서 "신령과 진정"을 설명해봅시다.

4. 예배를 구성하는 두 가지 큰 기둥은 무엇입니까?

5. 사도행전 11~13장에서 가르치는 복음전파의 주체는 누구입니까?

6. 에베소서 4:11~12에서 복음전파의 목적을 이루기 위한 방법은 무엇입니까?

7. 교회연합이 필수인 이유는 무엇입니까? (참고. 요17:21~22)

8. 무분별한 교회연합을 피하기 위하여 선행되어야 할 절차는 무엇입니까?

6

교회의 속성

하나의 교회(단일성) | 거룩한 교회(거룩성) | 사도적인
교회(사도성) | 공교회(보편성)

6

교회의 속성 [104]

　니케아 신경은 교회를 다음과 같이 고백합니다. "우리는 하나의 거룩하고 사도적인 공교회를 믿습니다." 사도신경은 "거룩한 공교회와 성도의 교제"를 믿는다고 고백합니다. 교회의 표지와 더불어 교회의 속성은 모든 교회가 항상 유지하고 증진시켜야 하는 것입니다. 개혁된 교회는 항상 개혁되어야 하듯이, 교회의 속성도 교회가 끊임없이 추구해야 하는 특성입니다. 교회가 그 속성을 잘 유지하고 증진시키기 위해서는 삼위 하나님께 아뢰어야 합니다. 그분의 은혜 없이는 이룰 수 없습니다. 교회의 속성은 은혜의 방편을 통해 보존되며, 견고해집니다. 네 가지 교회의 속성은 각각 개별적으로 존재하지 않으며 상호 보완적입니다. 이들은 각각 독립적으로 존재할 수 없으며, 함께 서고 함께 무너집니다.

| 하나의 교회 (단일성)

　하나님께서는 교회를 하나로 부르셨습니다. 즉, 교회는 한 주님

---

104) 교회의 속성을 따라 교회론을 개진한 책으로 베르까우어, 『개혁주의 교회론』, 나용화, 이승구 역 (서울: 기독교문서선교회, 2006)을 참고 하세요.

(The King)의 통치 아래 있는 "내 교회"입니다(마16:18). 교회는 왕이신 그리스도와 연합함으로 세상에 출현합니다(요6:53~57). 그리스도와 연합하지 못하면 이는 더 이상 교회가 아닙니다(요일1:6). 이 연합은 첫 창조에서부터 계시되었습니다. 하나님께서는 아담을 만드시고 그로부터 여자를 만드셨습니다. 이 둘은 다른 사람이며 다른 인격을 가졌지만 연합함으로 한 몸이 되었습니다(창2:24). 둘째 아담이신 그리스도와 연합되지 않는 자는 그의 몸이 될 수 없습니다(요15:5; 고전10:16,17; 엡5:32). 주님은 "우리가 하나가 된 것같이 저희도 하나가 되게 하려 함이니이다"라고 하셨습니다(요17:22).

한 교회는 창세기 3:15에 약속된 "여자의 후손"에 포함되어 있습니다. 여자의 후손에 대한 약속은 아브라함을 통해 "네 자손(창12:7, 15:5)"으로 이어졌습니다. 바울의 가르침을 따라 "네 자손"은, 한 분이신 그리스도이십니다(갈3:16). 이삭의 출생과정을 통해 알 수 있듯이 하나님의 한 백성은 철저하게 신적 부르심, 곧 하나님의 주권에 매여 있습니다(창18:12; 롬4:19). 이스라엘은 하나의 거룩한 백성이며, 제사장 나라라는 특권을 얻었습니다(출19:6). 이들은 여호와의 총회였습니다(신5:22). 즉, 삼위 하나님을 향하여 예배하기 위해 모인 거룩한 한 공동체였습니다(출3:12). 그럼에도 불구하고 한 공동체인 이스라엘이 하나님과 맺은 언약을 잊는다면, 만민 중에서 흩어질 것입니다(신28:64). 하나 되는 것이 불가능해지는 것이야말로 언약의 저주입니다.

이스라엘은 한 공동체이기에 약속의 땅을 얻는 것에서도 역시 호리(毫釐)라도 악을 허용해서는 안 됩니다. 요단 강 동편에 이미 땅을 얻은 르우벤, 갓, 므낫세 반 지파는 형제들보다 앞서 건너가서 그들을 도와야 합니다(수1:14). 한 백성이 함께 하나님을 예배함으로 여리고를 함락했습니다. 총회가 되어 한 백성이 되니 그 자체로 인해 하늘의 권세와 능력이 나타났습니다(수5장). 그러나 한 총회에 작은 범죄라도 있으면 하나님의 뜻을 이룰 수 없습니다. 아간의 범죄로 모든 이스라엘이 전쟁에서 패했습니다(수7장).

르우벤, 갓, 므낫세 반 지파가 요단 가에 큰 단을 쌓았을 때, 이스라엘의 다른 지파들은 우상숭배로 오해하여 비느하스와 각 지파의 대표로 구성된 사절단을 보냈습니다. 르우벤, 갓, 므낫세 지파를 방문한 사절들은 브올과 아간의 사건을 예로 들면서 한 공동체가 지체의 작은 죄악으로 징계 받았음을 상기시켰습니다(수22:17~20). 여기에 대해 르우벤, 갓, 므낫세 지파는 단을 쌓은 이유를 설명함으로 오해를 불식시켰습니다. 이는 이스라엘이 성막을 중심으로 한 공동체임을 강조할 뿐만 아니라 각 지파의 신앙을 다양한 방식으로 표현할 수 있음도 알게 합니다.

사사 시대에 있었던 베냐민 지파의 소멸은 형제 사이에서 일어날 수 없는 일입니다(삿21:6). 다윗과 맺은 언약은 하나의 통치권을 계시합니다(삼하7장). 솔로몬 사후에 일어난 나라의 분열은 하나님의 징계입니다. 긍휼에 풍성하신 하나님은 그 분열을 종식시키시고 하나의 나라로 만들 것이라 하셨습니다(겔37:15~17). 그럼에도 불구하고 두 왕국은 멸망하고 말았습니다.

왕이신 예수님은 새로운 공동체를 부르셨습니다. 곧 교회입니다. 그 교회는 요한복음 17:22에서 가르치듯이 "하나"여야 합니다. 성령님께서는 주님의 말씀을 온전히 이루셨습니다. 예루살렘에 임하신 그 성령님께서 이방인인 고넬료의 집에도 임하였고, 사마리아의 교회에도 임하였으며, 에베소의 교회에도 임했습니다. 그러므로 유대인과 이방인이 이제는 한 몸이 되었습니다. 고린도전서 12:13에서는 "우리가 유대인이나 헬라인이나 종이나 자유자나 다 한 성령으로 세례를 받아 한 몸이 되었고 또 다 한 성령을 마시게 하셨느니라" 하셨습니다. 에베소서 2:16에서는 "십자가로 이 둘을 한 몸으로 하나님과 화목하게" 했다 말합니다. 여기 "이 둘"은 유대인과 이방인을 의미합니다. 성령님께서 오심으로 유대인과 이방인이 하나가 되었습니다. 그리하여 이 세상에는 오직 하나의 교회만 존재하게 되었습니다.

안디옥 교회에 가만히 들어온 거짓 교사들이 할례를 받지 않으면 구원을 얻을 수 없다는 가르침을 전하자, 안디옥 교회는 대표들을 예루살렘에 파송했습니다(행15:2). 예루살렘 교회는 이 일을 위해 진지하게 의논했고 한 몸 된 안디옥 교회와 다른 이방의 교회들을 위해 몇 가지 결정을 했습니다(행15:20).

이 하나인 교회는 온 세상에 흩어져 있습니다(벧전1:1). 동시에 이 교회는 전 역사 속에 있었습니다(계1:11). 즉 교회는, 시간과 공간을 초월하여 언제나 그리스도의 몸으로서 성령의 거룩한 공동체로서 존재합니다. 그러므로 바울은 흩어져 있는 교회를 향하여 항상 "형제들"이라 불렀습니다(롬1:13; 고전1:10; 갈1:11; 엡6:23; 빌1:12; 골1:2; 살전1:4; 몬1:7). 이들은 서로의 물질을 나누어 한 형제 됨을 실제로 보여주었습니다(고후8:1,2).[105] 예루살렘 교회에서 일어난 성령님의 오

---

105) 이 믿음을 따라 우리의 선배들은 여행 중에 있는 행인을 만났을 때, 같은 교단 교회에 출석한다는 말 한 마디 때문에 손님을 정성으로 접대했고 형제로 대했습니다. 또한, 우리 선배들 가운데 여러 나라로 유학을 다녀온 분들의 고백 속에도 이러한 부분이 애절하

심의 결과로써 한 몸 됨을 드러낸 바로 그 열매가 이방지역의 교회에서도 증거 되었습니다(행2:44).

하나의 교회에는 다양한 은사가 있습니다. 또한 한 교회 안에는 많은 지체들이 있습니다(롬12:4; 고전12:12). 구약교회에도 마찬가지였습니다. 한 이스라엘 안에 여러 지파가 있었습니다. 예수님께서는 열두 제자를 부르셨습니다. 사도들은 옛 언약백성인 이스라엘의 열 두 지파를 대신하는 분들이었습니다(마19:28). 이 다양성을 분열의 도구로 사용해서는 안 됩니다. 그러나 다양성과 신앙의 변절을 구분할 수 있어야 합니다. 다양함은 은사이지 하나님의 뜻을 제한하는 것이 아닙니다. 변절은 타락입니다. 변절은 말씀을 약화시키는 것이요 거짓교회로 나아가는 전조(前兆)입니다. 그러므로 말씀의 왜곡과 교회의 다양성을 잘 구별할 수 있어야 합니다. 한 말씀, 한 성례를 한 하나님께 드림으로 한 분 하나님과 교제하는 공동체로서의 교회가 되어야 합니다. 은혜의 방편과 교회의 표지는 교회의 단일성을 유지시키고 증진시키는 가장 확실한 길입니다.

그러나 교회역사는 이 단일성을 바르게 유지한 적이 거의 없었습니다. 교회는 분열되었고, 서로 정죄했으며, 한 말씀을 붙들지 않았습니다. 이러한 현실은 분열이나 분리가 정당한 것처럼 착각하게 합니다. 분열의 역사는 죄의 강력함과 인간의 연약함을 동시에 상기시키며 우리로 하여금 겸손을 배우게 합니다. 남 유다와 북 이

게 담겨 있는 것을 쉽게 접할 수 있었습니다. 예를 들어, 화란으로 유학을 간 분들은 그곳 교회의 성도들로부터 형제로 받아들여졌고 환대받으며 교제를 나누고, 심지어 학비와 생활비를 받기도 하였습니다.

스라엘의 분열에서 알 수 있듯이 이는 하나님의 징계입니다. 교회는 단일성을 위해 우리 주님의 재림 때까지 수고하고 땀을 흘려야 합니다. 그리스도의 평강이 교회를 주장케 해야 합니다(골3:15). 완성될 하나님 나라에서는 오직 삼위 하나님만이 우리의 빛이시며 그 백성들은 세세토록 왕 노릇 할 것입니다(계22:5). 그 날에 하나의 교회가 삼위 하나님을 향하여 영광의 찬송을 부를 것입니다(히 12:22~24; 계21:1~7).

┃ 거룩한 교회 (거룩성)

아담의 범죄는 모든 것을 변화시켰습니다. 그 범죄는 하나님의 형상으로 지음 받은 인간을 죄인 되게 했습니다. 거룩하신 하나님께서는 죄인과 함께 거할 수 없으시므로 동산에서 그들을 추방하셨습니다. 그럼에도 불구하고 하나님께서는 사람과의 지속적인 교제를 위해 언약을 선물로 주셨습니다. 동시에 긍휼에 풍성하신 하나님께서는 속죄의 제물을 받으심으로 그 백성도 거룩함을 입게 하셨습니다. 내가 거룩하니 너희도 거룩하라 하셨습니다(레11:44,45). 그러나 그 제물은 영원한 거룩을 보장하지 못했습니다. "제사장마다 매일 서서 섬기며 자주 같은 제사를 드리되 이 제사는 언제든지 죄를 없게 하지 못하거니와(히10:11)." 그리하여 그리스도는 죄를 위하여 자기 자신을 한 영원한 제사로 드리셨습니다(히10:12).

아담 이후로 면면히 이어온 거룩한 계보는 거룩성을 항상 잘 유지한 것은 아니었습니다. 노아 시대에는 패괴와 강포가 횡행했고,

하나님께서는 홍수로 심판하셨습니다. 니므롯을 중심으로 일어난 바벨운동은 하나님의 백성들의 거룩을 침해했습니다. 아브라함, 이삭, 야곱, 요셉으로 이어지는 족장들의 역사에서 우리는 인간의 연약함과 하나님의 주권을 배웁니다. 시내 산에서 하나님께서는 자기 백성들을 향하여 "거룩한 백성이 되리라"라고 하셨습니다(출19:6). 그러나 이스라엘의 광야생활은 거룩과는 거리가 멀었습니다. 그들은 끊임없이 반역의 역사를 이어갔습니다. 바로 그 반역의 역사 속에서도 성막과 희생제사가 유지되었고 하나님의 구원의 손길은 끊이지 않았습니다.

사사 시대 300년의 암흑은 한 구절로 설명되었습니다. "그 때에 이스라엘에 왕이 없으므로 사람이 각각 그 소견에 옳은 대로 행하였더라(삿21:25)." 그러나 인간의 끊임없는 반역과 죄악에도 불구하고 하나님께서는 구원의 빛을 비추셨습니다. 그 어두움의 시대에 보아스와 룻을 만나게 하시고 다윗의 계보가 이어지게 하셨습니다. 하지만 거룩한 백성으로 부름 받은 구약교회는 거룩과는 먼 역사를 만들었습니다. 사무엘, 사울, 다윗, 솔로몬 그리고 분열왕국으로 이어지는 역사에서 '인간은 할 수 없고 하나님은 이루신다'는 고백이 묻어나게 하셨습니다(사9:7, 37:32; 겔39:25).

이스라엘은 하나님의 손에 처녀로 자랐지만 정작 하나님을 버리고 음행했습니다(겔23:3,4). 호세아를 두고 다른 남자를 좇아가는 음탕한 고멜에게서 우리는 하나님의 백성들의 슬픈 자화상을 발견합니다(호1:2). 하나님이신 예수님께서는 친히 음란한 세대를 구원하기 위하여 친히 인간의 몸을 입고 이 땅에 오셨습니다(막8:38). 그리하여 마지막 기회를 언약백성들에게 허락하셨습니다. 음행, 곧 하나님을 버리고 다른 것을 섬기는 것으로부터 돌아올 때에 하나님이 친히 그들의 하나님이 되며, 그들은 그분의 백성이 될 것입니다. 그러나 옛 언약백성들은 하나님의 사랑을 거절했습니다. 그들은 예수님을 신랑으로 맞이하지 않았습니다(요3:29; 눅23:21).

그리하여 예수님께서는 새로운 신부를 맞이하셨습니다. 바울은 교회를 그리스도의 신부라 말합니다(고후11:2). 그러면서 첫 사람의 범죄를 언급하며 옛 신부의 음행을 주의할 것을 권합니다. 예수님의 새로운 신부에게는 놀라운 은혜가 베풀어졌습니다. 성령님을 선물로 주신 것입니다. 그리하여 교회가 성령님과 더불어 살면 "사랑과 희락과 화평과 오래 참음과 자비와 양선과 충성과 온유와 절제"를 열매로 맺습니다(갈5:22,23). 성령님은 교회를 거룩하게 하는 동인이며 주체이십니다. 그러므로 성령님을 근심하게 하는 것이야말로 가장 조심해야 할 일입니다.

하지만 이 땅의 교회는 의인인 동시에 죄인이기에 죄의 권세 아래 있을 수밖에 없는 한계를 지닙니다. 완전한 교회는 없습니다. 단지 그리스도의 재림을 통하여 완전한 하나님 나라에 이를 때까지 완전을 향하여 달려가는 교회만 있을 따름입니다. 그럼에도 불구하고 성경이 가르치는 온전한 교회의 모습을 이루기 위해 수고해야 합니다. 건강한 교회는, 문제가 없는 교회가 아닙니다. 교회는 거룩하지만 아직 완전히 거룩하지는 않습니다. 건강한 교회는, 일어난 문제를 성경적인 질서를 따라 해결하는 지혜를 가진 교회입니다(고전14:40).

교회의 거룩성을 유지하며 증진시키는 길은 은혜의 방편과 교회의 표지를 따르는 것입니다. 말씀과 성례와 기도 그리고 권징은 교회의 거룩성을 담보하는 그릇입니다. 말씀은 살아 운동력이 있으며 검보다 예리하여 혼과 영과 및 관절과 골수를 찔러 쪼개기까지 하며 또 마음의 생각과 뜻을 감찰합니다(히4:12). 성례는 죄를 십자가에 못 박고 그리스도와 더불어 연합하는 표이며, 기도는 우리 영혼의 호흡이요 하나님의 뜻을 이루는 능력의 근원입니다. 권징은 사랑의 마지막이요, 어머니인 교회가 자녀를 양육하는 방편입니다(히12:6).

특별히 가장 초보적인 단계의 권징인 '권면'은 성도들 사이에 항상 있어야 합니다. 권면은 서로를 살리는 길입니다(롬15:14; 골3:16; 살전5:11; 약5:16). 권면은 서로 깊은 신뢰가 형성되어 있지 않으면 불가능합니다. 그러니 교회로 산다는 것은 권고함으로 함께 복음을 위해 달려가는 것과 같습니다. 한국교회 초기에 당회가 엄격한 권징을 행함으로 그 순결을 지킨 것을 기억해야 합니다. 권징은 사람을 죽이는 것이 아니라 살리는 것입니다. 하나님의 언약은 복과 저주를 동시에 동반합니다(레26장; 신28장). 교회의 거룩성은 언약의 양면성을 동시에 드러냄으로 유지됩니다.

| 사도적인 교회 (사도성)

교회의 속성 중 사도성은 교회 본질의 근간입니다. 교회는 사도들과 선지자들의 터 위에 세워졌기 때문입니다(엡2:20). 사도들은 베드로를 대표로 하는 신앙고백의 주체들입니다. 베드로가 대표라는 말은, 그가 예수님을 "주는 그리스도시요 살아계신 하나님의 아들(마16:16)"이라 고백한 그 고백의 주체라는 의미입니다. 베드로의 신앙고백은 성령님의 사역을 통해 모든 교회 가운데 임합니다. 여기에서 사도성과 성령님의 사역이 연결됩니다.[106] 교회는 본질적으로 성령의 공동체이며, 동시에 교회는 사도적 복음의 터 위에 세워져야 합니다. 성령님의 사역이 없으면 교회도 없습니다.

사도성은 교회가 '신앙고백' 위에 세워졌음을 가르칩니다. 그렇기 때문에 바울은 자신의 사도권을 매우 중요하게 생각했습니다. 바울은 예루살렘에서 다른 사도들과 교제의 악수를 함으로 자신의 사도성을 분명하게 했습니다(갈2:9). 그리하여 교회가 자신이 전한 복음의 도리로부터 벗어났을 때, '다른 복음'을 따라간다 하며 질책했던 것입니다(고후11:4; 갈1:6~9).

안디옥 교회에 거짓 교사들이 가만히 들어와 구원을 얻기 위해서는 할례를 받아야 한다고 가르칠 때, 교회는 대표들을 예루살렘으로 보냅니다. 이는, 세계 어느 곳에 세워지는 교회이든지간에 예루살렘에 세워졌던 바로 그 교회와 일치된 신앙을 지녀야 함을 강조합니다(행15:1,2). 예루살렘 교회와 일치된 교회란, 그 교회의 신앙이 예루살렘 교회의 근간이 된 사도들의 가르침과 일치해야 한다는 의미입니다.

그래서 바울은 에베소 교회의 목회자인 디모데에게 "전에 너를 지도한 예언을 따라 그것으로 선한 싸움을 싸우며"라고 했습니다(딤전1:18). 또한 "네가 네 자신과 가르침을 삼가 이 일을 계속하라"

---

106) 유해무 교수는 그의 『개혁교의학』에서 성령론을 다루는 중에 교회론을 논했습니다. 우리는 사도신경과 니케아 신경의 가르침을 따라 삼위일체론적 관점에서 신학을 해야 합니다. 칼빈 역시 바로 이 원리를 따라 삼위 하나님을 언급했습니다.

하면서 "이것을 행함으로 네 자신과 네게 듣는 자를 구원하리라(딤전4:16)"고 했습니다. 사도들이 가르친 바로 그 복음이 교회와 목회자 모두에게 구원이 됩니다. 디모데는 사도가 부탁한 아름다운 것을 지킬 책무를 받았습니다(딤후1:14). 동시에 디모데는 바울로부터 들은 바를 충성된 사람들에게 부탁해야 합니다. 그렇게 함으로 이들은 다른 사람들을 가르칠 수 있습니다(딤후2:2). 이는 사도성과 직분이 얼마나 깊이 관련되어 있는지 알게 합니다. 바울은 여러 도시에 교회를 세운 후, 항상 장로를 세웠습니다(행14:23; 딛1:5). 이는 장로들을 통하여 사도들이 전한 바로 그 복음이 유지되고 전파되며 능력을 발휘케 하기 위함입니다. 직분은 교회의 사도성을 보존하시기 위해 하나님께서 주신 방편입니다. 이러한 측면에서 사도 요한은 스스로 "장로"라 칭했습니다(요삼1:1).

요한은 바로 그 사도적 직분으로 교회 안에 가만히 들어온 적그리스도를 분별하여 질책하고 책망하여 교회 밖으로 쫓아냈습니다(요이1:7). 요한은 말합니다. "예수를 시인하지 아니하는 영마다 하나님께 속한 것이 아니니 이것이 곧 적그리스도의 영이니라 오리라 한 말을 너희가 들었거니와 이제 벌써 세상에 있느니라(요일4:3)." 예수님께서는 분명 거짓 그리스도들과 거짓 선지자들이 일어나서 이적과 기사를 행하여 택하신 백성들을 미혹할 것이라 했습니다(막13:22). 사도 요한은 예수님의 이 말씀을 기억하고 그 말씀이 이루어졌음을 선언했습니다.

한국 교회는[107] 사도적 복음에 부합된 모습을 띠고 있을까요? 말

---

107) 어떤 분들은 '한국 교회'라는 용어 대신 '조국 교회'라는 용어를 사용합니다. 그러나 이는 오해를 불러일으킬 가능성이 무척 큰 용어입니다. 흔히 '조국'이라는 단어는 '조상 때부터 살아온 나라'라는 의미가 강합니다. 여기에는 매우 혈통적이며 민족주의적인 사고가

씀과 성례와 권징이 사도들의 가르침을 따라 이루어지고 있습니까? 사도행전 2장에는 베드로의 설교가 있습니다. 사도행전 7장에는 스데반의 설교가, 사도행전 13장에는 바울의 설교가 소개되었습니다. 사도들과 선지자들이 전한 복음의 핵심이 이 설교들에 있습니다. 하나님의 약속과 그리스도 중심적인 가르침이 바로 설교의 근간입니다. 다르게 표현하면, 계시역사적 관점으로 성경을 읽고 설교해야 한다는 것입니다. 이는 전체 성경의 핵심입니다.[108] 한국 교회의 강단이 이 원리를 따라 설교합니까?

세례와 성찬에 있어서도 그러합니까? 권징은 어떠합니까? 혹, 권징을 정치적 보복의 수단으로 사용하지는 않습니까? 교권은 거룩하고 좋은 것입니다. 교권을 하나님의 교회를 위해 사용해야 합니다. 그러나 때때로 교권이 체제유지나 어떤 집단의 이익을 위해 사용되지는 않습니까? 더 나아가 교권을 쟁취하기 위해 정당한 방법을 사용합니까?[109]

많이 담겨 있습니다. 그러나 성경은 우리에게 민족주의를 가르치지 않습니다. 성경은 세계 도처에 흩어져 있는 한 공동체, 즉 '한 교회를 통해 하나 된 백성'을 가르칩니다. 그러므로 '조국 교회'라는 용어 대신 '한국 교회' 혹은 '미국 교회'라는 용어를 사용하는 것이 바람직하리라 생각합니다.

108) 모든 영어 성경은 구약을 Old Testament, 신약을 New Testament라 합니다. 이는 신약성경에 표현된 디아데케(διαθήκη; 이 말은 때때로 유언으로 번역되기도 하지만 우리는 언약으로 이해합니다)에서 온 용어입니다. 헬라어 디아데케는 히브리어 베리트(תְּרִיב; 언약을 맺다, 혹은 언약을 자르다는 표현이 사용되었습니다)에서 왔습니다. 베리트는 하나님께서 주권적으로 자기 백성과 맺은 약속을 말합니다. 한글 성경은 옛 약속이라는 뜻인 '구약'과 새로운 약속이라는 의미인 '신약'이라는 제목을 붙였습니다. 이는 성경이 언약의 책임을 가르칩니다. 그러므로 우리는 성경을 언약의 관점에서 읽고 설교해야 합니다.

109) 이 측면에서 직분이나 치리기관의 일꾼을 뽑는 투표행위는 매우 엄정하고 공정하게 이루어져야 합니다. 흔히 선거를 민주주의의 꽃이라 합니다. 그러나 교회에서의 선거는 성령 하나님께서 역사하시는 현장입니다. 교회는 투표를 통하여 하나님의 뜻을 알고, 그 뜻을 드러내심에 송영으로 화답합니다. 만약 어떤 이들이 이러한 의미를 갖는 선거 과정에 부정한 방법을 사용하여 일꾼이 되었다면, 이는 성령님의 역사를 훼방하는 일입니다. 신적

말씀과 성례는 은혜의 방편이기도 합니다. 사도성은 바로 이 은혜의 방편을 통해 더욱 견고해 집니다. 은혜의 방편인 기도는 어떠합니까? 주님께서 가르치신 그 기도의 원리를 따라 이루어지고 있습니까? 무엇을 먹을까, 무엇을 마실까 염려하며 이를 위해 기도하지는 않습니까?(마6:31) 이는 이방인들이 구하는 바입니다.

사도성은 1세기의 교회와 21세기의 교회를 하나로 묶습니다. 사도성은 미국의 교회, 영국의 교회, 네덜란드의 교회, 남아프리카의 교회, 일본의 교회 그리고 한국의 교회가 한 교회임을 확증하는 방편입니다.

| 공교회 (보편성)

교회가 보편적(catholic)이라는 말은 교회 역사에서 여러 가지 기준으로 제시되었습니다. 어떤 분들은 교회가 모든 민족과 세상 가운데 있다는 의미로 이 용어를 사용했습니다. 또 다른 이들은 교회가 각각의 다양한 본질과 모습을 지닌 것이 아니라 하나의 통일성을 갖고 있다는 측면에서 이 용어를 사용했습니다. 어거스틴은 지역성과 함께 하나님의 말씀에 함께 순종한다는 의미로 보편성이라는 말을 사용했습니다. 종교개혁 시대에는 개혁자들이 교회의 표지라는 말을 사용하는데 반하여, 로마 가톨릭교회에서 교회의 속성을 말하면서 전 세계에 편재해 있는 교회라는 의미로 보편성이라는 용어를 사용했습니다. 우리는 칼빈의 가르침을 따라 그리스도를 머리로 하

기관인 교회를 인간의 단체로 만드는 악한 행위입니다.

는 온 세상에 존재하는 몸으로서의 교회를 가리킬 때 이 용어를 사용하려 합니다(『기독교 강요』, 4.1.2). 여기에는 다양성을 배제하지 않으면서 동시에 지역성도 존중합니다.

공교회성은 예루살렘 교회와 이방지역의 교회들이 한 말씀과 한 성례에 참여함과 삼위 하나님의 통치 아래 함께 순종함으로 이루어집니다. 교회는 그리스도를 머리로 하는 다양한 지체들의 연합입니다. 공교회성은 궁극적으로 삼위 하나님의 사역에 기초합니다.

언약에 불충한 옛 백성들을 버리시고 새 언약의 피로 새롭게 맺어진 언약백성이 교회입니다. 바로 그 언약 맺음의 결과는 삼위 하나님의 구원이며, 하나님 나라의 실제입니다. 유대인과 이방인의 구별이 사라진, 오직 지체만이 있는(칼빈은 이를 다양성이라 했습니다), 그리하여 온 세상에 편재해 있는 새 언약백성들은 한 몸이 됩니다. 성령님의 오심, 특별히 예루살렘에 임하신 바로 그 성령님께서 사마리아 교회에도 임하셨고(행8:15,16), 에베소 교회에도 임하셨습니다(행19:6).[110] 이는 예루살렘 교회와 이방의 교회가 한 교회임을 증거합니다. 공교회성은 바로 이를 의미합니다.

교회 역사에서 공교회성은 때때로 신앙고백으로 확증되기도 했습니다. 수많은 이단들과 잘못된 가르침이 교회를 공격할 때, 교회는 항상 성경으로 돌아갔고, 바로 그 성경(말씀)으로부터 참 고백을 선언했습니다. 니케아 신경, 사도신경, 아타나시우스 신경, 벨직 신앙

---

110) 흔히 두 본문을 성령의 두 번째 체험이라는 측면에서 이해하려는 경향이 있습니다. 그러나 이 본문들은 성령의 두 번째 체험을 강조한 본문이 아닙니다. 이 본문들은 예루살렘 교회와 이방지역의 교회가 하나라는 사실을 가르칩니다. 동시에 하나님의 구속역사가 어떻게 이루어지는 지를 가르칩니다. 여기에 대한 좀 더 자세한 연구는 고재수 교수의 『성령으로의 세례와 신자의 체험』 (서울: 개혁주의신행협회, 2001)을 참고하세요.

고백, 하이델베르크 교리문답, 도르트 신경, 웨스트민스터 신앙고백. 이러한 고백들은 구속과 삼위 하나님에 대한 발현의 결과물입니다. 이 고백을 함께 신앙함으로 공교회성을 이루었습니다.

한국 장로교회는 공교회적일까요? 아니, 우리 고신교회는 공교회적일까요? 성경이 가르치는 바로 그 교회에 접붙여져 있습니까? 2000년 교회 역사에서 참 교회가 이해한 바로 그 말씀에 함께 동참하고 있습니까? 신앙고백들이 제시한 바로 그 고백들을 아멘으로 받아 실현하기 위해 노력합니까?

최근 인터넷에 소개된 '공교회성을 회복하자'는 주장의 글들은 오히려 공교회성에 대한 의문을 던지게 하는 경우가 많습니다. 교회의 세습 문제, 재산 소유 문제를 비판하면서 공교회성 회복을 주장합니다. 물론, 세습 문제를 성경적으로 잘 정리해야 합니다. 또 교회가 재산을 소유하는 소위 물질주의에 빠지는 것을 경고해야 합니다. 그러나 이는 공교회성의 의미를 너무나 지엽적인 것으로 만들어 버렸습니다.

한국 교회는 세계에서 두 번째로 많은 선교사를 파송한 것으로 알려져 있습니다. 그러나 많은 선교사의 파송 자체가 자랑이 되어서는 안 됩니다. 공교회성에 대한 안목이 없는 선교사들이 선교현지에서 한국 교회를 이식(移植)하고 있다면, 이를 어떻게 생각해야 합니까?[111] 공교회성을 확보하지 못한 교회를 경험한 바로 그 교회

---

111) 예를 들어, 새벽기도회는 한국 교회가 갖고 있는 좋은 전통입니다. 그러나 이것이 다른 나라의 교회에서도 반드시 행해야 할 모임은 아닙니다. 기도회가 필요 없다는 뜻이 아닙니다. 기도회는 무척 중요한 모임입니다. 동시에 한국 교회의 새벽기도회는 정말 좋은 전통이라 생각합니다. 하지만 공교회성을 생각한 선교사라면, 이 모임이 반드시 해야만

의 파송을 받은 선교사들이 지금도 세계 도처에 흩어져 열심히 사역하고 있습니다. 이들의 열정과 헌신을 어느 누가 말로 표현할 수 있겠습니까? 그 수고와 헌신은 정말 귀하고 위대합니다. 그러나 그 열정이 공교회성을 상실한 것이라면? 이 얼마나 끔찍한 일입니까!

공교회성은 하나님의 말씀을 어떻게 이해하는가에서 출발해야 합니다. 즉, 공교회가 알고 받아들인 바로 그 말씀이해. 이것이 바탕이 되지 않은 상태에서 공교회성의 회복을 주장하는 것은 그저 하나의 '소리'에 불과합니다. 교회는 사도들이 가르친 바른 복음 위에 세워져야 합니다. 공교회성은 사도성에 기초해야 합니다. 이 면에서 신앙고백은 매우 중요한 잣대입니다. 시대 시대마다 교회가 받아들인 신앙고백이야말로 공교회성을 회복할 수 있는 구체적인 지침입니다.

하는 것인지 선택사항인지 분명하게 알고 있을 것입니다.

1. 교회의 네 가지 속성은 무엇입니까?

2. 교회의 단일성을 가르치는 대표적인 성경 본문을 말해봅시다.

3. 교회역사에서 교회의 단일성을 바르게 유지하지 못한 이유는 무엇입니까?

4. 교회의 거룩성을 유지하며 증진시키는 방법은 무엇입니까?

5. 사도적 복음에 부합된 교회란 어떤 모습입니까?

6. 공교회성을 가늠하는 잣대는 무엇입니까?

~

7

성도의 교제

성도의 교제의 기원 | 신약 성경이 가르치는 교제의 몇
가지 실례 | 성도의 교제가 풍성한 삶

7

성도의 교제

한국교회의 대형화가 성도의 교제에 치명적 결함을 야기했다는 비판이 많이 있습니다. 그러나 정작 어떻게 교제해야 하며, 무엇이 좋은 교제인가에 대한 바른 성찰이 간과되었다는 느낌을 지울 수 없습니다. 그러므로 우리는 성도의 교제가 어디에 기초하며, 무엇이 진정한 성도의 교제이고, 어떻게 교제하는 것이 바른지를 생각하려 합니다.

| 성도의 교제의 기원

우리는 먼저 사도 요한의 가르침에 근거하여 성도의 교제를 이해하려 합니다. "우리가 보고 들은 바를 너희에게도 전함은 너희로 우리와 사귐이 있게 하려 함이니(요일1:3)." 여기 "너희로 우리와 사귐이 있게"라는 말씀은 사도들과 그 사도들의 복음을 받은 교회가 서로 교제한다는 뜻입니다. 사도와 교회는 복음으로 연합되었습니다. 이 연합은 교제의 근거이며 동력입니다. 복음으로의 연합은 사람과 사람 사이의 교제에 머물지 않고, 삼위 하나님과의 교제로 확장됩니다. 그래서 요한은 "우리의 사귐은 아버지와 그 아들 예수 그리스도와 함께 함이라"라고 했습니다(요일1:3). 바울 역시 고린도 교회를 향하여 "너희를 불러 그의 아들 예수 그리스도 우리 주로 더불어 교제케 하시는 하나님은 미쁘시도다"라고 했습니다(고전1:9). 교회는 하나님 아버지와 그 아들 그리스도 예수로 더불어 교제합니다. 아버지와 아들 그리스도로 더불어 교제함은 성령 하나님의 역사하심으로 가능합니다. 성령님께서 친히 그 백성들을 불러 교회가 되게 하시고 그 교회 가운데 내주하심으로 아버지를 아버지라 부르며, 아들을 구주라 부르게 됩니다. 그래서 성령의 교통하심(고후13:13)이라 하며, 성령의 교제(빌2:1)라 합니다. 오순절 성령님께서 교회 가운데 오심으로 교회는 사도들의 가르침을 받아 서로 교제했습니다(행2:42). 그러므로 성도의 교제는 삼위 하나님과의 교제에 뿌리를 두고 있습니다.

이를 극적으로 선언하는 행위가 성례입니다. 자연인은 아버지와 아들과 성령의 이름으로 세례를 받음으로 교회가 됩니다(마28:19). 세례에는 삼위 하나님과의 사귐이 있습니다. 그리스도 예수와 합하여 세례를 받은 우리는 그의 죽으심과 합하여 세례 받았습니다(롬6:3). 동시에 우리가 성찬의 떡을 받음으로 그리스도의 몸에 참여함이요, 잔을 받음으로 그리스도의 피에 참여합니다(고전10:16). 여기 '몸에 참여'하고 '피에 참여'한다는 말씀은 '몸과 교제'하고 '피와 교제'한다는 의미입니다. 참여는 바로 코이노니아, 곧 교제라는 단어입니다.

이러한 삼위 하나님과의 교제는 첫 사람 아담에게서 기원합니다.

하나님은 사람을 "우리의 형상"대로 만드셨습니다. 이는 사람이 하나님과 교제할 수 있는 존재였음을 증명합니다. 하나님의 형상으로 지음 받은 인간은 하나님을 대리하는 왕이요, 제사장이었습니다. 아담의 직분적 사역이 열매를 맺기 위해서는 반드시 하나님과의 깊은 교제가 있어야 합니다. 아담은 하나님과의 교제를 통해 왕적, 제사장적 지혜를 얻습니다. 이러한 측면에서 삼위 하나님과의 교제는 단순한 사귐이 아닙니다. 이 사귐은 하나님의 뜻을 땅 위에 아로새기는 능력입니다.

하나님의 형상을 상실한 아담을 대신하여 예수 그리스도께서는 진정한 하나님의 형상으로 성육신 하셨습니다(고후4:4; 골1:15; 히 1:3). 교회는 새 사람인 그리스도를 옷 입음으로 그분을 통하여, 그분 안에서 지혜를 얻습니다(엡4:24; 골3:10). 지혜는 그리스도와의 연합과 사귐(교제)을 통하여 주어집니다.

삼위 하나님과 그 백성의 교제는 참 지혜를 얻게 합니다. 그리고 그 지혜는 하나님의 왕국과 복음을 흥왕케 하며, 교회를 세우고 성도의 삶을 풍성케 합니다. 그러므로 이 교제는 영생의 선물의 내용이며 실체입니다. 나는 너희의 하나님이 되고 너희는 내 백성이 될 것이라는 선언은 축복의 선언이자, 언약의 복의 실체입니다(창17:7; 출6:7, 19:4~6; 레11:45; 삼하7:24; 렘31:33; 슥13:9; 고후13:13; 벧전2:9; 계 21:7). 그래서 하나님께서는 구약백성들에게 끊임없이 이 면을 강조하고 상기시키셨습니다. 성도의 교제는 이러한 삼위 하나님과 그 백성과의 교제에 기초합니다. 성도의 교제는 하나님의 뜻을 온전히 이해하고 그 뜻을 실행하는 능력을 제공합니다. 성도의 교제가 깊어질수록 하나님의 구속역사에 대한 바른 시각과 성경적인 세계관을 지니게 됩니다. 성도의 교제는 왕으로서 지녀야 할 참다운 지혜를 얻게 합니다.

| 신약성경이 가르치는 교제의 몇 가지 실례

스데반의 일로 예루살렘 교회에 핍박이 있자 제자들 외의 성도들 대부분은 다른 곳으로 피신했습니다. 그들 중 어떤 이들이 안디옥에 이르렀고 그곳에서 복음을 전했습니다. 안디옥 교회가 세워졌습니다. 소식을 들은 사도들은 안디옥에 바나바를 파송하여 목양하게 했습니다. 바나바는 혼자 이 일을 감당하는 것이 쉽지 않아 다소에 있는 바울을 불러 함께 사역했습니다.

바울과 바나바가 안디옥 교회의 말씀사역자로서 그 교회의 파송으로 1차 복음전파 사역을 감당한 후 돌아왔을 때, 안디옥 교회에 문제가 발생했습니다. 예루살렘에서 사도들의 허락 없이(행15:24) 안디옥으로 와서 할례를 받아야 구원을 얻을 수 있다고 가르쳤습니다(행15:1). 이들은 가만히 들어온 거짓 형제들입니다(갈2:4). 그 때, 바울과 바나바 그리고 몇 형제들이(이 중에 디도도 함께 있었습니다, 갈2:1) 함께 예루살렘을 방문했습니다. 그리고 예루살렘의 사도들과 장로들로 더불어 의논했습니다. 바로 그 일을 바울은 갈라디아서에서 언급했습니다.

바울의 선언은, 교제의 의미가 무엇인지 매우 잘 가르칩니다. 갈라디아서 2:9입니다. "또 내게 주신 은혜를 알므로 기둥같이 여기는 야고보와 게바와 요한도 나와 바나바에게 교제의 악수를 하였으니 이는 우리는 이방인에게로, 저희는 할례자에게로 가게 하려 함이라." 여기 "교제의 악수를 하였으니"라는 말씀에서 바울과 바나바가 전한 복음과 예루살렘의 사도들이 전한 복음이 동일했다는 사실을 알 수 있습니다. 이렇듯 교제는 동일한 복음을 받았음을 확증하는 표였습니다. 이는 예루살렘 교회나 안디옥 교회가 동일한 믿음과 신앙을 가진 하나의 교회라는 뜻입니다. 그래서 교제는 항상 복음의 교제여야 합니다(빌1:5). 동시에 복음으로 교제해야 합니다. 여기에서 우리는 아주 중요한 원리 한 가지를 배웁니다. 교회연합은 항상 같은 신앙을 가졌는가에 대한 확인으로부터 출발해야 한다는 것입니다. 같은 복음을 가진 성도는, 교제함으로 한 하나님의 백성임을 증거해야 합니다.

성도의 교제에는 복음이 그 교제의 중심이 되어야 합니다. 흔히 구역모임이나 소그룹모임에서 서로 교제한다 하면서 일상적인 삶의 대화를 많이 나눕니다. 물론, 그러한 것이 서로를 알아감에 유익하고 필요합니다. 하지만 자신의 삶을 나누는 것이 복음으로 해석되지 않는다면 이는 진정한 교제가 아닙니다. 생활이나 생각을 나누는 것은 좋은 일입니다. 그러나 진정한 성도의 교제가 되기 위해서는 그 생활이나 생각이 복음의 교제를 통해 해석되고 교정되어야 합니다. 바른 성도의 교제는 그 결과가 항상 삼위 하나님께로 연결되어야 합니다.

교제는 물질의 나눔에서도 나타납니다. 물질로 다른 교회를 돕는 것은 단순히 부한 자가 가난한 자를 돕는 문제가 아닙니다. 이는 한 신앙, 한 믿음, 한 교회됨의 또 다른 표이며 서로에게 피난처가 됨을 의미합니다. 진정한 성도의 교제는 유무상통으로 나아가야 합니다. 마게도냐 교회들과 아가야 교회, 고린도 교회는 예루살렘 교회를 위하여 기꺼이 연보했습니다(롬15:26; 고후8:2). 이러한 교회들의 연보에 대해 바울은 "성도 섬기는 일에 참여함"이라 했습니다(고후8:4). 여기 "참여"가 바로 교제입니다. 성도 섬기는 일, 곧 연보가 교제였습니다. 이러한 교제는 하나님께 영광입니다(고후9:13). 그래서 히브리서 기자는 이러한 행위가 하나님이 기뻐하시는 것이라 했습니다. "오직 선을 행함과 서로 나눠 주기를 잊지 말라 이 같은 제사는 하나님이 기뻐하시느니라(히13:16)." 여기서 "서로 나눠 주기를" 이라는 표현이 바로 코이노니아, 곧 교제입니다.

히브리서 13:16은 성도의 교제를 '제사'라 합니다. 성도의 교제가 왜 제사의 의미를 갖습니까? 어떻게 이러한 가르침이 주어질 수 있는지 간단히 내용을 살펴봅시다. 구약 시대에는 대제사장이 죄를 사하기 위해 짐승 제사를 드렸습니다. 피는 성소에 뿌리고 몸은 영문 밖에서 불살랐습니다. 이는 그림자입니다. 실체이신 예수님께서 그림자를 따라 친히 영문 밖에서 고난을 받고 죽음으로 자기 백성들의 죄를 사하셨습니다. 우리가 주님의 고난의 은덕을 얻기 위해서는 영문 밖으로 나아가야 합니다(히13:13).[112] 영문 밖에서 구원

---

112) 이 가르침에는 매주 중요한 구속사적 전이가 있습니다. 옛 언약 시대 때 죄를 제거하는 방법은 성전 안에서 짐승을 죽임으로 제사를 드리는 것이었습니다. 그러나 유월절 어린양이신 예수님께서 친히 성전 밖에서 죽으셨습니다. 이는 더 이상 성전이 속죄의 장소가 아니고 예수님만이 참 속죄의 유일한 길임을 가르칩니다. 그러므로 그리스도의 십자가

(영생)을 선물로 얻은 백성들은 '찬미의 제사(히13:15)'와 '선을 행함과 서로 나눠 주는 제사(히13:16)'를 드려야 합니다.

히브리서 13:16은 분명히 이렇게 말합니다. "오직 선을 행함과 서로 나눠 주기를 잊지 말라 이 같은 제사는…." 여러분! 다시 잘 생각해 봅시다. 여기 "서로 나눠 주는 것"은 헬라어로 코이노니아, 곧 교제입니다. 그런데 본문은 이것을 '제사'라 했습니다. 구약백성들은 짐승으로 제사를 드려 구원의 은혜를 경험했습니다. 그러나 예수님의 십자가 사건은 단 번에 자신을 드림으로 그 백성들에게 영원한 구원의 은혜를 선물로 주셨습니다. 더 이상 짐승의 제사가 필요 없습니다. 예수님 자신이 제물이 되셨기 때문입니다. 그렇다면 신약시대에 사는 하나님의 백성들은 이 구원의 은혜를 무엇으로 드러냅니까? 바로 구제입니다. 물건을 서로 나눔으로 하나님께 감사의 제사를 드립니다. 그리스도께서 온전하게 이루신 그 제사에 그 백성들은 어떻게 참여합니까? 구원의 은혜를 찬송하고 물건을 서로 나눔으로 참여합니다.[113] 물건을 서로 통용하는 행위는 예배자의 삶입니다. 하나님께서는 이를 기뻐하십니다.

| 성도의 교제가 풍성한 삶

하나님과 교제하는 성도는 어두움 가운데 행하면 안 됩니다. 참

죽음 이후에는 성전으로 나아갈 것이 아니라 영문 밖, 곧 그리스도의 고난으로 십자가 앞에 나아가야 합니다. 이는 성전 시대가 종결되고 교회 시대가 도래했음을 가르칩니다.

113) 바로 이러한 측면에서 찬송과 연보는 예배를 이루는 중요한 요소 중 하나임을 알 수 있습니다. 예배는 새로운 제사입니다.

교제는 진정한 연합으로 이어지며 그 연합은 성도들이 진리 가운데 거하도록 합니다. 그러므로 삼위 하나님과 교제하는 성도는 진리를 따라 살아갑니다. 교회 안의 다른 성도들과 깊이 교제하는 성도에게는, '빛 가운데'에서 '서로 사귐'이 있습니다. 그래서 사도 요한은 다음과 같이 말합니다.

"만일 우리가 하나님과 사귐이 있다 하고 어두운 가운데 행하면 거짓말을 하고 진리를 행치 아니함이거니와 저가 빛 가운데 계신 것같이 우리도 빛 가운데 행하면 우리가 서로 사귐이 있고 그 아들 예수의 피가 우리를 모든 죄에서 깨끗하게 하실 것이요(요일1:6,7)."

바울 역시 삼위 하나님과 교제하며 교회 가운데 있는 성도는, 믿지 않는 자와 멍에를 같이 하지 말라고 하였습니다(고후6:14). 그러면서 "빛과 어두움이 어찌 사귀며"라고 했습니다. 여기 "사귀며"라는 말씀이 바로 '교제하며'라는 말입니다. 성도의 교제는 진리 가운데 거하도록 합니다. 성도의 교제가 이러한 의미를 지니는데도, 실제 삶 속에서는 단순히 생활을 나누는 정도에서 끝난다면 얼마나 불행한 일입니까! 성도의 교제는 어두움에서 떠나 빛 가운데 거하게 하는 동인입니다. 죄를 멀리하는 삶은, 성도가 삼위 하나님과 교제하고 있음을 드러내는 표입니다.

빌레몬서 1:6에서는 "네 믿음의 교제가 우리 가운데 있는 선을 알게 하고 그리스도께 미치도록 역사하느니라"라고 했습니다. 성도의 교제는 "선을 알게" 합니다. 선을 알게 한다는 말씀은 지혜가 무엇인지 풍성하게 깨닫게 한다는 말씀입니다. 동일한 가르침이 골로새서 3:16에도 있습니다. "모든 지혜로 피차 가르치며 권면하고." 성령 하나님께로부터 오는 지혜로 서로 가르치고 권면하는 것이야말로 최고의 교제입니다. 성도의 교제는 피차간에 지혜를 얻는 방편입니다. 성도들이 함께 교제를 나누면 나눌수록 하나님의 말씀에 대한 이해가 깊고 넓어져야 합니다. 그러므로 성도들이 하나님의 말씀을 읽고, 묵상하며, 그 깨달은 바를 함께 나누는 것이야 말로 가장 좋은 교제의 모델입니다.

빌레몬서 1:6 후반부에서 성도의 교제는 "그리스도께 미치도록" 한다고 했습니다. 여기 "그리스도께 미치도록"이라는 말씀은 '그리스도 안에서' 혹은 '그리스도를 통하여' 역사한다는 뜻입니다. 즉 성도의 교제는, 선을 알게 할 뿐만 아니라 그리스도를 통하여 그분에게까지 자라가게 한다는 것입니다. 이는 마치 교회의 직분이, 교회가 그리스도의 장성한 분량이 충만한 데까지 이르도록 기능하는 것과 같습니다(엡4:13). 그러니 성도의 교제는 성도들이 삼위 하나님을 풍성히 아는 수준에 머무르지 않고 크게 자라 장성한 모습을 갖게 하는 동력이 됩니다. 이렇게 중요한 성도의 교제는 마땅히 당회의 감독 아래 이루어져야 합니다. 성도의 교제는 단순한 개인과 개인 간의 만남이 아닙니다. 이는 교회적 활동이며 거룩한 행위입니다. 성도의 교제가 깊은 교회는 반드시 신앙의 성숙을 경험합니다. 그리스도의 장성한 분량까지 자라갑니다.

성도의 교제는 즐겁고 유쾌한 일만 일어나게 하지 않습니다. 때때로 성도의 교제는 고난에도 함께 참여해야 합니다(빌3:10). 사도 바울은 빌립보 교회가 자신의 고난에 참예했다고 했습니다. 빌립보서 4:14,15을 봅시다. "그러나 너희가 내 괴로움에 함께 참예하였으니 잘하였도다 빌립보 사람들아 너희도 알거니와 복음의 시초에 내가 마게도냐를 떠날 때에 주고 받는 내 일에 참예한 교회가 너희 외에 아무도 없었느니라." 바울 사도가 "너희가 내 괴로움에 함께 참예하였으니"라고 했을 때, '참예하였으니'라는 말씀이 코이노니아, 곧 교제입니다. 바울을 위해 빌립보 교회가 물질적인 어떤 수고를 한 것으로 보입니다. 성도의 교제는 형제들의 고난에 함께 참여함으로 드러납니다. 진정한 성도의 교제는 어려움을 당한 성도들과 함께 울고, 그 고난을 함께 감당합니다.

한국 교회는 급속한 성장을 경험했습니다. 수천 명의 성도가 한 지역교회로 모이는 모습이 종종 있습니다. 성도 수가 적은 교회들은 크게 성장한 교회들을 닮기 위해 그런 교회를 롤모델(role model)로 삼고 열심히 쫓아갔습니다. 대형 교회들에서는 성도들의 수가 많아지니 교제가 되지 않는다는 불만이 표출되었습니다. 그러자 소그룹 운동을 도입했습니다. 성도의 교제를 원활하게 할 목적으로 도입한 소그룹 운동이, 성경이 가르치는 성도의 교제를 가능하게 했는지는 의심스럽습니다. 이미 교회의 대형화 자체가 성경적인 성도의 교제 그리고 한 몸으로서의 교회의 본질을 상당히 약화시키는 원인입니다. 그러니 소그룹 운동은 원인 자체를 제거함으로 문제를 해결했다기보다 원인은 그대로 두고 임시처방을 내린 측면이 강합니다. 아무리 셀이나 소그룹 운동과 같은 제도를 도입한다 하더라도 바른 성도의 교제가 이루어질 리는 만무합니다. 바른 성도의 교제는 형식적인 작은 모임이 많아지는 것으로는 이루어지지 않습니다. 성도의 교제가 성경에 대한 바른 이해, 삼위 하나님에 대한 올바른 이해에 기초할 때, 진정한 성도의 교제가 이루어집니다.

개인주의와 개(個)교회주의에 매몰된 교회를 하나님의 가족으로 회복시키는 데에는, 바른 성도의 교제가 그야말로 양약(良藥)입니다. 각 지체의 다양성을 훼손시키지 않으면서 그리스도의 한 몸이라는 교회의 본질을 회복하는 데에도 가장 좋은 것이 바로 성도의 교제입니다. 내가 깨달은 하나님에 대해 다른 성도와 나누며, 나의 약함을 다른 성도와 공유하는 삶이 진정한 성도의 교제입니다. 여기에 '누가 더 좋은 신앙을 가졌느냐?'는 중요하지 않습니다. 하늘의 지혜가 회람되고 땅 위의 물질이 필요를 따라 나눠지는 바로 그곳에, 참다운 성도의 교통이 있는 것입니다. 성도가 서로 교통하는 곳에는 세대 차이도, 신분의 차이도, 빈부의 차이도 자리할 수 없습니다. 화려한 언변이나 탁월한 지적 유희가 절대 필수적이지 않습니다. 그저 우리 안에 행하신 하나님의 능력을 두런두런 읊조리는 고백만 있으면 됩니다.

끝으로 성도의 교제에 대해 가장 정확하게 가르치는 웨스트민스터 신앙고백서 26장을 봅시다.

1. 머리이신 그리스도와 성령으로 말미암아 믿음으로 연합하고 있는 모든 성도들은 그리스도의 은혜, 고난, 죽음, 부활과 영광 안에서 그분과 교제한다. 또한 사랑으로 서로 간에도 연합하였기 때문에 서로의 은사와 은혜에도 참여함으로 서로 교제한다. 이들은 공사 간에 속사람으로나 겉사람으로도 다른 지체들의 선에 서로 이

바지해야 하는 의무를 진다.

2. 성도들은 고백으로 서약했으니, 하나님께 드리는 예배나, 상호 덕을 세우기 위해 행하는 여타의 영적 봉사에서, 또한 필요에 따라 힘이 닿는 대로 외적인 짐들을 서로 덜어줌으로써 거룩한 친교와 교제를 계속 유지해야 한다. 이 교제는 하나님께서 기회를 주시는 대로 어느 곳이든 주 예수님의 이름을 부르는 모든 자들에게까지 확장해야 한다.

1. 성도의 교제의 기원은 어디서부터 출발합니까?

2. 하나님은 아담과 교제함으로 지혜를 선물로 주십니다. 아담은 이러한 지혜를 어떻게 사용해야 합니까?

3. 성도의 교제는 무엇이 중심이 되어야합니까?(참고. 빌1:5)

4. 히브리서 13:16은 성도의 교제를 제사라고 했습니다. 어떻게 제사를 성도의 교제라 할 수 있습니까?

5. 웨스트민스터 신앙고백 26장이 가르치는 성도의 교제에 대하여 말해봅시다.

6. 빌레몬서 1:6과 골로새서 3:16을 통하여 바른 성도의 교제를 생각해봅시다. 우리가 속한 교회가 이러한 모습을 드러내도록 함께 기도합시다.

8

신앙고백

교회와 신앙고백 | 여러 가지 신앙고백들

8

신앙고백

초대교회 이후, 교회는 엄청난 성장을 이루었습니다. 겨자씨 비유 말씀처럼 처음에는 보잘 것 없었지만 새들이 깃들일 만큼 장성했습니다. 주후 300년대에 이르러 로마 전역에 교회가 세워졌습니다. 그리고 로마의 국교가 바뀌게 되었습니다. 그러나 이러한 성장 이면에는 교회 안팎으로 사단의 집요한 공격이 있었습니다. 그러할 때마다 교회는 성경으로 돌아갔고, 성경을 통해 바른 길을 찾았습니다. 그리고 후대를 위해 그 바른 길이 신앙의 유산으로 남겨졌습니다. 바로 신앙고백입니다. 신앙고백의 종류와 내용이 무척 많기 때문에 각각의 내용들을 모두 살필 수는 없습니다. 여기에서는 신앙고백의 의미와 배경을 간단히 살피려 합니다.

| 교회와 신앙고백

어떤 사람들은 신앙고백에 대해 다음과 같이 말합니다. "성경이면 충분하지 신앙고백이 무슨 필요가 있어!" 저 역시 어린 시절에 동일한 생각을 했었습니다. '성경과 별개의 어떤 가르침'으로 신앙고백을 이해했기 때문입니다. 그러나 말씀을 더 깊이 이해하면서, 또한 교회 역사를 조금씩 알아가면서, 신앙고백이야말로 성경 다음으로 큰 선물임을 깨닫게 되었습니다. 성경은 모든 성도의 삶의 기준이며 교회가 복종해야 할 유일한 책입니다. 그러므로 성경에는 오류가 없습니다. 그러나 신앙고백은 그와 같지 않습니다. 사람들의 작품이기에 오류가 있을 수도 있고 때로는 가르치는 바가 약할 수도 있습니다. 그렇다고 해서 신앙고백의 중요성이 간과되어서는 안 됩니다.

신앙고백은 2000년 교회 역사 속에서, 하나님께서 친히 교회를 보호하시며 인도하신 증거입니다. 우리 믿음의 선진들은, 교회가 말씀으로 더 가까이 가기 위해 혹은 이단의 가르침으로부터 교회를 보호하기 위해 신앙고백을 작성했습니다. 그렇기에, 고백 하나하나에 믿음의 선진들의 수고와 헌신이 깃들지 않은 것이 없습니다. 물론 그 배후에는 신실하신 하나님의 손길이 묻어 있습니다. 삼위 하나님을 향한 잘못된 공격에 대항하여 성경적인 신앙고백을 담은 것이 니케아-콘스탄티노플 신경 그리고 아타나시우스 신경 입니다.

신앙고백은 항상 성경으로부터 출발하였습니다. 고백서를 작성한 수많은 지도자들은 말씀에 매인 분들이었습니다. 진리의 말씀이 말하는 바대로 고백서를 작성했고, 성령 하나님의 인도로 말씀을 상고했습니다. 말 그대로 '고백'이었습니다. 그러므로 현대의 교회가 이러한 고백을 경홀히 여기는 것은 역사 속에서 역사하신 하나님의 손길을 부정하는 것과 같습니다. 이는 우리가 교회의 유산을 함부로 대할 수 없는 이유입니다.

장로교회와 개혁교회가 신앙고백을 어린 아이들에게 가르치는 이유가 무엇입니까? 뿐만 아니라 성인들조차 매 주일 교리문답을 배우는 이유가 무엇입니까? 성경의 가르침을 가장 잘 요약했고, 우리의 믿는 바가 무엇인지를 가장 쉽게 알 수 있기 때문입니다. 또한, 잘못된 가르침으로부터 바른 신앙을 파수할 수 있기 때문입니다. 우리가 앞으로 살펴볼 각 신앙고백의 역사에서도 알 수 있듯이, 한 고백 한 고백이 아무렇게나 얻어진 것이 아닙니다.

니케아 신경, 사도신경, 아타나시우스 신경은 삼위일체 하나님께 대한 매우 분명한 고백을 담고 있습니다. 이만큼 명료하고 정확하게 하나님을 고백한 바가 어디 있을까요! 성부 하나님의 역사와 성자 예수님의 속성과 사역 그리고 성령 하나님의 역사를 분명하게 가르친 고백은 이 신경들이 거의 유일합니다. 이는 단순히 삼위 하나님께 대한 고백에서 끝나지 않고, 후대의 신학함의 모범이 되었습니다. 칼빈은 사도신경의 순서를 따라 그의 신학을 전개했습니다. 벨직 신앙고백과 하이델베르크 신앙고백, 도르트 신경과 웨스트민스터 신앙고백에 담겨진 주옥같은 고백들을 상고해본 성도라면, 이 고백들이 성도들의 신앙을 증진시키고 성경의 진리를 깊이 있게 요약하여 정리했다는 것을 쉽게 알 수 있습니다.

잘못된 가르침이 성도들의 영혼을 병들게 할 때, 성령님께서는 신실한 말씀사역자들을 세우시고 그들로 하여금 성경을 열어 주님의 분명한 뜻을 깨닫게 하셨습니다. 그리하여 하나님의 말씀에 근거하여 바른 신앙이 무엇인지 해명했습니다. 특히 니케아 신경과 아타나시우스 신경, 도르트 신경이 그러합니다. 검은 난쟁이라는 별명을 지닌 아타나시우스의 삶과 위대한 갑바도기아의 세 교부들의 수고가 삼위 하나님께 대한 분명하고 정확한 고백을 있게 했습니다. 알미니우스와 그의 후예들의 공격 앞에, 도르트 신경이야말로 빛나는 보석입니다. 흔히 튤립(TULIP)으로 요약되기도 하는 이 신앙고백은 칼빈주의 5대 교리로 잘 알려져 있으며 개혁신앙의 핵심이라 할 수 있습니다. 이렇듯 신앙고백은 말씀을 왜곡시키고 변질시키는 사단의 계략을 꺾고 참 진리를 파수한 강력한 무기였습니다.

사실, 성경은 신앙고백의 중요성을 여러 곳에서 언급했습니다. 가장 기본적이며 대표적인 사례가 베드로의 신앙고백입니다. 우리가 2장에서 이미 살펴보았습니다만 다시 한 번 간략하게 그 의미를 생각하겠습니다.

베드로가 예수님을 "주는 그리스도시요 살아 계신 하나님의 아들이시니이다(마16:16)"라고 고백했을 때, 예수님께서는 "이 반석 위에 내 교회를 세우리니(마16:18)"라고 하셨습니다. 교회는 반석인 베드로와 그의 고백 위에 세워집니다. 사도의 대표자로서 베드로는 반석입니다. 즉 반석은 고백자인 베드로입니다. 이는 베드로와 고백이 따로 떨어져 있는 것이 아니라 함께 있다는 뜻입니다. 고백이 없으면 베드로도 없습니다. 이렇듯 신앙고백은 교회의 터입니다. 교회는 언제 어디서나 신앙고백의 터 위에 세워집니다.

또한, 마태복음 7장에 소개된 예수님의 선언은 매우 중요한 계시사적 진전을 함의합니다. 예수님께서는 산상수훈 말미에 반석을 언급하셨습니다. 마태복음 7:24에서 "누구든지 나의 이 말을 듣고 행하는 자는 그 집을 반석 위에 지은 지혜로운 사람 같으리니"라고 하셨습니다. 여기에서 예수님은 반석 위에 집을 지은 지혜로운 사람과 모래 위에 집을 지은 어리석은 사람을 대비시킵니다. 반석 위에 집을 지은 지혜로운 사람은 누구이며, 모래 위에 집을 지은 어리석은 사람은 누구입니까?

마태복음 7:21에 의하면, 반석 위에 집을 지은 지혜로운 사람은 하늘에 계신 내 아버지의 뜻대로 행하는 자들입니다. 동시에 모래 위에 집을 지은 어리석은 사람은 "주여 주여"라고 말은 하지만 불법을 행하는 자들입니다. 불법을 행하는 자들은 겉으로 보기에 상당한 능력을 지닌 사람들처럼 보입니다. 그들은 선지자 노릇도 하며 주의 이름으로 귀신을 쫓아내며 권능도 행합니다(마7:22). 이들은 거짓 선지자들입니다(마7:15). 이들은 서기관과 율법사와 바리새인과 사두개인으로 대변되는 예수님을 거부한 자들입니다. 스스로 아브라함의 자손이라 하면서 실상은 독사의 자식들입니다(마3:7~9, 23:29~33).

이에 반하여, 지혜로운 사람들은 누구입니까? 이들은 하나님의 뜻대로 행하는 자들입니다. 예수님의 모친과 동생들이 예수님을 찾았을 때, 예수님께서 "누가 내 모친이며 동생들이냐" 하시면서 둘러앉은 자들을 보시고 "내 모친과 내 동생들을 보라"고 하셨습니다(막3:33,34). 그런 후에, "누구든지 하나님의 뜻대로 하는 자는 내 형제요 자매요 모친이니라"라고 하셨습니다(막3:35). 하나님의 뜻은 무엇입니까? 요한복음 6:39,40에서 예수님께서는 "내게 주신 자 중에 내가 하나도 잃어버리지 아니하고 마지막 날에 다시 살리는 이것이니라 내 아버지의 뜻은 아들을 보고 믿는 자마다 영생을 얻는 이것이니"라고 하셨습니다. 하나님의 뜻은 예수님을 믿는 자들이 영생을 얻는 것입니다. 그러므로 반석 위에 집을 지은 지혜로운 사람은 예수님을 구주로 믿고 영생을 선물로 받은 사람들입니다.

마태복음 16장의 베드로의 신앙고백을 다시 생각합시다. 베드로는 예수님을 구주로 고백했습니다. 베드로의 고백! 바로 그 반석 위에 교회가 세워집니다.[114] 마태복음 7장과 16장에는 계시사적 진전이 분명하게 드러납니다. 반석 위에 집(이는 두말할 필요 없이 하나님의 집입니다)을 지은 지혜로운 사람은 바리새인이나 사두개인이 아닌 사도들입니다. 마태복음 7장에서는 그 사실이 잘 드러나지 않습니다. 그러나 마태복음 16장에서는 누가 지혜로운 사람인지 확연히 드러납니다.

베드로의 고백은 혈육에 의한 것이 아닙니다. 그의 고백은 하늘에 계신 아버지로부터 온 것입니다. 참 지혜는 하늘의 하나님으로부터 옵니다. 이것이 바로 반석 위에 집을 짓는 '참 지혜'입니다. 그러므로 반석은 사도성과 신앙고백이라 할 수 있습니다. 사도적 신앙고백! 신앙고백자 베드로! 이는 교회의 터입니다. 보편교회가 공인한 역사적 신앙고백들의 중요성이 성경의 가르침을 통하여 얼마나 중요한지 깨닫습니다. 이러한 신앙고백을 힘써 보존하고 가르치며 우리의 후손들에게 물려주어야 합니다. 신앙의 계승은 신앙고백을 통해 이루어집니다.

---

114) 성경에서는 반석이라는 이미지가 종종 하나님께 사용됩니다(신32:4,15,18; 삼상2:2; 삼하22:2; 시18:2, 19:14, 28:1, 31:3, 42:9, 62:2, 71:3, 78:35, 144:1 등). 다니엘은 느부갓네살 왕이 꾼 꿈을 해석하면서 뜨인 돌이 큰 신상을 부수뜨리며, 그 돌은 태산을 이루어 온 세계에 가득할 것이라 했습니다. 다니엘의 해석을 통해 알 수 있듯이 신상을 구성하는 정금, 은, 놋, 철과 진흙은 바벨론, 메데 바사, 헬라, 로마를 의미합니다(단2:36~44). 뜨인 돌은 마지막 나라 때에 등장하며 그 나라가 바로 하나님께서 건설하실 하나님의 왕국입니다(단2:44). 이처럼 돌, 곧 반석은 하나님 자신이나 하나님 나라를 상징하는 구약적 표현입니다. 예수님께서는 매우 의도적으로 이러한 반석 이미지를 사용하셨습니다.

| 여러 가지 신앙고백들

니케아 신경 (325년 5월 20일)

알렉산드리아의 장로인 아리우스는 예수님에 대한 잘못된 이해를 하고 있었습니다. 그는 성부 하나님과 예수님은 동등한 본질을 가진 것이 아니라 생각했습니다. 성부 하나님과 예수님이 동등본질을 가지셨다면, 이는 두 신이 존재한다는 의미라고 이해했습니다. 그래서 그는 예수님께서 아버지로부터 영원히 함께 계신 말씀으로 이해하지 않았고, 오히려 아버지는 홀로 계실 때가 있었지만 그리스도는 존재하지 않은 때가 있었다고 주장했습니다. 즉 예수님은 다른 모든 피조물과는 다르지만 그럼에도 불구하고 완전하신 아버지의 속성과 동일한 속성을 지니셨는데 영원 전부터가 아니라 어느 순간 아버지로부터 수여받았다고 이해했습니다. 이러한 아리우스의 견해는 그의 후예들에 의해 한 문장으로 표현되었는데, 곧 '그분이 존재하지 않을 때가 있었다'입니다.[115] 아리우스는 세상의 만물이 만들어지기 전에 말씀이 하나님으로부터 창조되었다고 했습니다. 아리우스 장로의 이러한 예수님에 대한 이해는 알렉산드리아의 감독인 알렉산더(Alexander, 312?~328 재위)와는 배치되는 것이었습니다. 알렉산더 감독은 아리우스를 정죄하고 축출했습니다. 아리우스는 이때, 팔레스타인 지역에 있으면서 자신의 주장에 동의하는 사람들을 규합하여 알렉산더를 공격하는 편지를 쓰기 시작했습니다. 니코메디아의 유세비우스는 아리우스의 지지자였습니다. 그는 콘스탄틴 황제와도 친분이 있었습니다.

---

115) 후스토 콘잘레스, 『초대교회사』, 엄성옥 역 (서울: 은성, 2012), 269.

이집트 지역의 교회 문제가 동방 교회 전체의 문제로 확산되자 황제는 코르도바의 감독 호시우스를 파견하여 문제를 해결하려 했지만 역부족이었습니다. 결국 황제 콘스탄틴은 서기 325년 교회의 지도자들을 모아 회의를 개최했습니다. 이것이 바로 니케아 회의입니다.[116] 약 300여 명의 목회자들이 황제의 부름을 받고 제국 전역에서 참여했습니다.[117] 아리우스는 감독이 아니었기에 회원자격이 없었습니다. 그를 대변하는 니코메디아의 감독 유세비우스가 대신 설명했습니다. 대다수의 감독들은 유세비우스의 견해에 극렬히 반대했습니다.[118] 그리하여 회의는 아리우스주의자들의 주장을 잠재울 신앙고백을 채택하기로 결의하였습니다. 물론, 지금 우리에게 계승된 고백서와는 거리가 있습니다. 그럼에도 불구하고 예수님께서 하나님과 동등본질(homoousios)이라는 문구가 첨가됨으로 바른 신앙고백이 확증되었습니다.

그러나 문제는 간단하게 끝나지 않았습니다. 콘스탄티노플 회의(381년)에서 성부와 성자에 대한 고백이 확고하게 천명될 때까지 정치적 음모와 신학적 논쟁은 계속되었습니다. 이 과정에서 알렉산드리아의 감독 알렉산더의 죽음(328년) 후에 그 뒤를 이은 아타나시우

---

116) 니케아는 지금의 터키 서부 지역의 작은 호수 마을입니다. 지금은 이즈닉이라는 이름으로, 당시에는 황제의 여름 궁전이 있었던 비교적 안정된 도시였습니다. 5월 20일에 회의는 시작되었고, 주로 유세비우스와 호시우스가 사회를 맡았습니다.

117) 유세비우스의 기록에는 이 회의에 참여한 사람들이 어디로부터 왔는지 상세히 소개되어 있습니다. 시리아, 길리기아, 페니키아, 아랍, 팔레스타인, 이집트, 테베, 리비아, 메소포타미아, 페르시아, 스키티아, 본도, 갈라디아, 밥빌리아, 갑바도기아, 아시아, 브리기아, 트라케, 마케도니아, 아카이아, 스페인의 감독 호시우스도 참석한 것으로 알려졌습니다. 로마의 감독은 노령 때문에 참여하지 못하여 장로들을 대신 파견했습니다. 후스토 곤잘레스, 『초대교회사』, 273, 274.

118) 참석한 감독들의 반응은 매우 냉담하였습니다. 니코메디아의 유세비우스가 행한 연설문은 찢겨져 발에 밟혔습니다.

스의 활약과 그의 뒤를 이은 갑바도기아의 세 교부들(바실리우스, 나지안주스의 그레고리우스, 닛사의 그레고리우스)의 활약은 교회 역사에서 하나님의 섭리가 얼마나 강하게 작용하는가를 배울 수 있는 한 편의 드라마와 같습니다.[119] 테오도시우스 황제가 381년 콘스탄티노플 공의회를 소집했고, 여기에서 갑바도기아의 세 교부들 중 한 분인 나지안주스의 그레고리우스가 사회를 맡았습니다. 그리고 오늘날 우리에게 계승된 니케아-콘스탄티노플 신경이 탄생했습니다.[120]

사도신경 [121]

사도신경은 가장 보편적인 신앙고백입니다. 동·서방 교회를 막론하고 지구상의 모든 교회는 사도신경을 받아들입니다. 그러나 사도신경의 정확한 기원은 알려진 바가 없습니다. 대체로 오순절 성령님께서 강림하신 후 사도들이 복음을 전할 때, 신자들의 표가 있어야 됨을 공감하고 사도들이 한 마디씩 고백하여 만든 것이 사도신경이라는 전승이 있을 따름입니다. 이러한 전승은 확인할 수 없으며, 또한 성령님의 영감으로 기록된 것도 아닙니다. 실제로 사도적 기원을 부정하는 연구가 많고 칼빈 역시 사도적 기원을 받아들이지 않습니다.[122] 그럼에도 불구하고 사도신경은 사도들의 가르침을 가

---

119) 삼위일체론의 형성 과정에 대한 신학적 논의는 유해무 교수의 『개혁교의학』, 152~169를 보십시오. 그리고 동일저자의 『신학: 삼위일체 하나님을 향한 송영』(서울: 성약출판사, 2007)을 참고하세요.

120) 대한예수교 장로회 고신교단의 헌법 책에 수록된 니케아-콘스탄티노플 신앙고백서 전문은 부록 1을 참고하세요.

121) 사도신경의 기원과 해설서로는 유해무 교수의 『개혁교의학』, 87~98과 이승구 교수의 『사도신경』을 참고하세요.

122) 유해무, 『개혁교의학』, 90.

장 잘 요약한 신앙고백임에는 틀림없습니다.

유해무 교수는 그의 『개혁교의학』에서 사도신경의 형성시기를 주후 150년경으로 잡을 수 있겠다고 했습니다.[123] 그러면서 현재의 사도신경은 5세기 말엽에 확립되었고, 8~9세기에 비로소 서방교회 전역에서 사용되기 시작한 것으로 추정합니다. 곧, 원래의 로마신경이 5~6세기에 스페인 쪽에서 현재의 모습으로 굳어져서 로마로 다시 전해진 것입니다.[124]

이러한 역사를 지닌 사도신경이 한국 교회에는 언제 소개되었는지도 마찬가지로 정확하게 알 수 없습니다. 또한 누가, 어떤 텍스트를 근거로, 어떤 공적 회의에 의해 받아들여졌는지도 알려져 있지 않습니다. 아마 선교사들에 의해 성경이 온전히 번역되기 전, 미리 번역되어 사용된 것으로 이해됩니다. 이는 신앙고백에 대한 희미한 자세로부터 연유된 결과입니다. 그러므로 우리는 공교회성을 따라 시공간을 초월한 보편교회에 소속되어 있음을 인식하면서 바른 사도신경의 번역을 갖도록 노력해야 합니다.[125]

아타나시우스 신경 [126]

325년, 니케아에서 교회의 회의가 회집되었을 때, 아타나시우스는 알렉산드리아의 감독 알렉산더의 수행 비서였습니다. 328년, 알렉산더가 죽자 비교적 젊은 나이에 알렉산더의 뒤를 이어 알렉산드리아의 감독이 되었습니다. 흔히들 아타나시우스가 니케아-콘스탄

---

123) 유해무, 『개혁교의학』, 91.
124) 유해무, 위의 책, 91.
125) 고신헌법에 소개된 사도신경은 부록 1을 참고하세요.
126) 아타나시우스 신경은 부록 1을 참고하세요.

티노플 신경의 수호자요 산파 역할을 했다고 인정합니다. 사실 이 때문에 아타나시우스는 많은 고난을 당했습니다. 당시 대부분의 황제들은 친 아리우스주의자들이었습니다.

아타나시우스는 알렉산드리아의 감독으로 있으면서 무려 다섯 차례나 추방을 당했습니다. 356년에는 황제가 보낸 군인들에 의해 예배 중 암살당할 뻔 했지만 가까스로 피해 사막의 수도사들과 더불어 지내기도 했습니다. 약 20년을 유배의 삶으로 보낸 그가 마지막까지 지키려고 한 것은 무엇일까요? 그의 신앙고백에서 밝히 드러나듯이 삼위일체 하나님에 대한 신앙입니다. 흔히 아타나시우스의 공을 두 가지로 요약합니다. 먼저, 삼위일체 교리의 확립입니다. 우리는 이 면에 대한 그의 노력에 감사할 따름입니다. 하나님께서 당신의 일꾼들을 통해 바른 신앙고백을 할 수 있도록 역사하셨습니다. 아타나시우스의 두 번째 공은 신약 27권의 목록을 작성하여 발표한 사실입니다. 그러나 우리는 이 부분을 정말 조심스럽게 이해해야 하며, 또한 바르게 이해해야 합니다. 성경은 자증하지, 인간에 의해 정경으로 확증되지 않았습니다.[127]

---

127) 아타나시우스가 신약성경 27권의 목록을 작성한 것은 사실입니다. 그러나 그가 그 목록을 작성하여 교회가 수납했다고 해서 정경의 최종권위를 교회 회의가 채택한 것으로 이해하면 안 됩니다. 성경은 성경 스스로 권위를 갖습니다. 신약 27권에 대한 정경성의 확립은 이미 교회가 출발할 때부터 성령 하나님의 은혜와 역사로 자연스럽게 교회 가운데 고정되어 있었습니다. 니케아 회의에서는 단지 그것이 다시 한 번 확인되어 '고백'되었습니다. 즉, 교회 회의가 정경을 신약 27권이라고 확정한 것이 아니라, '고백'했습니다. 고백했다는 의미는 새로운 어떤 사실을 받아들였다는 의미가 아니라 이미 있었던 내용을 재천명했다는 의미입니다. 이 부분에 대한 개혁신앙의 입장을 잘 대변한 책은 다음과 같습니다. 야콥 판 브럭헌, 『누가 성경을 만들었는가』, 김병국 역 (서울: 총신대학교 출판부, 1997).

벨직 신앙고백 (1561년) [128]

신성로마 제국의 황제 카를 5세로부터 서쪽 왕국을 물려받은 필립 2세는 아버지의 뒤를 이어 독실한 로마 가톨릭 교도였습니다. 그는 네덜란드의 신교도들을 박해하여 수많은 사람들을 죽였습니다. 바로 그 시기에 귀도 드 브레가 활동했습니다. 귀도 드 브레(Guido de Bres)는 칼빈의 후예인 베자로부터 희랍어를 배웠고, 제네바도 약 1년간 방문하여 칼빈으로부터 직접 배울 수 있는 기회를 얻었습니다. 그는 자신의 고향지역인 저지대로 돌아가 비밀리에 회집하는 교회들을 돌보기 시작했습니다. 가톨릭 신앙을 따르지 않는 사람들에게 죽음만이 기다리고 있는 환경에서도 복음은 왕성하게 전파되었고, 개혁신앙은 뿌리를 내렸습니다.

귀도 드 브레는 순회 설교자로서 여러 교회들을 돌보았습니다. 그런 중에 조용히 복음사역을 감당하기를 원했던 그의 의도와는 달리 극적인 삶을 살게 됩니다. 몇몇 열정적인 신자들에 의해 시편 찬송을 부르는 거리 행진이 있었고(이는 자신들의 신앙을 용감하게 드러내는 의도였습니다) 그로인해 도시에는 죽음의 그림자가 드리워졌습니다. 결국 조사관들에 의해 행진 주모자가 밝혀졌고, 배후에 제롬이라는 사람이 있음도 알려졌습니다. 제롬은 바로 귀도 드 브레의 가명입니다. 그리하여 귀도 드 브레는 자신의 신앙을 황제에게 직접 전달하는 것이 가장 현명한 방법이라 생각하여 신앙고백서와 편지를 동봉한 뭉치를 1561년 11월 성벽 너머에 던졌고, 그것이 관료들에게 전달되었습니다. 동봉한 편지에서 귀도 드 브레는 개신교인들

---

128) 하이델베르크 교리문답과 벨직 신앙고백의 기원에 대한 가장 쉬운 안내서는 테아 반 할세마, 『하이델베르크에 온 세 사람과 귀도 드 브레』, 강변교회 청소년학교 도서위원회 역 (서울: 성약출판사, 2006)를 참고하세요.

이야말로 국가에 충성스러운 백성임을 밝혔습니다. 또한, 하나님의 말씀을 부인하기보다 차라리 등에 채찍을 맞고, 혀를 잘리며, 입에 재갈을 물리고, 온 몸이 불구덩이에 던져지는 편이 좋다고 기술하였습니다. 1567년 5월 31일, 귀도 드 브레는 교수대에서 순교했습니다. 신앙을 위해 생명을 던졌습니다. 벨직 신앙고백서는 이와 같은 어려운 환경에서 탄생했습니다. 전체 37장으로 구성되었으며, 도르트 교회 회의에서 하이델베르크 교리문답과 함께 세 개의 일치신조로 받아들여졌습니다.

하이델베르크 교리문답 (1563년) [129]

독일 팔츠 지방의 프리드리히 3세(Freidrich Ⅲ)는 삼촌의 죽음으로 선제후가 되었습니다. 그는 자신의 집안사람들과는 다르게 종교개혁자들의 신앙을 일찍이 받아들여 개신교인으로 살았습니다. 하나님께서는 그를 삼촌의 뒤를 잇게 하셨고 개혁신앙을 따라 자신의 지역을 통치하게 하셨습니다. 무엇보다도 그는 자신이 다스리는 지역의 젊은이들이 바른 말씀으로 교육 받기를 원해 우르시누스(Zacharias Ursinus)와 올레비아누스(Kaspar Olevianus)에게 요청하여 신앙고백서를 작성케 했습니다. 그것이 바로 하이델베르크 교리문답입니다.

129문으로 구성된 이 교리문답은 설교자가 52주(1년)에 나누어 설교할 수 있도록 하였습니다. 크게 세 부분으로 나뉘는데, 1부 인간

---

129) 하에델베르크 교리문답 설교집으로는 허순길, 『교리문답 해설 설교 Ⅰ, Ⅱ』 (부산: 사랑과 언약, 2010)를, 해설서로는 자카리아스 우르시누스, 『하이델베르크 요리문답해설』, 원광연 역 (서울: 크리스챤 다이제스트, 2006)을, 역사와 신학에 대해서는 유해무, 김헌수, 『하이델베르크 요리문답의 역사와 신학』 (서울: 성약출판사, 2006)을 참고하세요.

의 비참에 대하여(1~11문), 2부 인간의 구원에 대하여(12~85문), 3부 인간의 감사에 대하여(86~129문)입니다. 벨직 신앙고백서와 도르트 신경과 더불어 세 일치 신조의 하나입니다. 개혁교회에서는 주일 오후에 주로 이 교리문답을 설교합니다. 장로교회가 웨스트민스터 신앙고백이나 소교리문답을 가르치는 것과 같습니다.

도르트 신경 (1618년 11월 13일) [130]

라이덴 신학교의 교수인 알미니우스(James Arminius)는 암스테르담 시장으로부터 코른헬트(Zoon Koornheert)의 주장이 잘못되었음을 확인해 줄 것을 요청 받았습니다. 코른헬트는 벨직 신앙고백이 가르치는 내용에 몇 가지 중요한 결함이 있다고 주장했습니다. 알미니우스는 코른헬트의 글을 읽으면서 공교롭게도 그의 견해에 동조하게 되었습니다.

그 역시 벨직 신앙고백서의 수정을 강하게 요구하게 되었고, 그에게 동조하는 이들이 급속도로 증가했습니다. 알미니우스와 같은 학교의 교수인 고마루스(Francis Gomarus)는 반대 의견을 개진했습니다. 이후, 두 세력은 강력하게 논쟁했습니다. 그러자 네덜란드 의회는 교회회의를 소집했고, 1618년 11월 13일부터 1619년 5월 9일까지 154회나 회의를 가졌습니다. 18명의 의회 대표와 84명의 교회대표들은 긴 회의를 통해 알미니안주의자들의 주장에 대하여 다섯 가지 주제를 따라 비판하고 정죄했습니다. 그래서 도르트 신경은 다섯 개의 주제로 구성되어 있으며 그 내용은 다음과 같습니다.

---

130) 도르트 신경에 대한 안내서는 코르넬리스 프롱크, 『도르트 신조 강해』, 황준호 역 (경기: 그 책의 사람들, 2012)가 있습니다.

1. 인간의 전적 타락(Total depravity)

2. 무조건적 선택(Unconditional election)

3. 제한된 속죄(Limited atonement)

4. 불가항력적 은혜(Irresistible grace)

5. 성도의 견인(Perseverance of the saints)

웨스트민스터 신앙고백 [131]

　장로교회의 가장 대표적인 신앙고백입니다. 헨리 8세의 이혼 문제로 시작된 영국과 로마 가톨릭의 결별은 종교개혁의 신학이 대륙으로부터 쉽게 영국으로 들어올 수 있는 길을 열었습니다. 에드워드 6세, 피의 메리, 엘리자베스, 제임스 1세, 찰스 1세로 이어진 영국의 역사는 신앙고백서가 태동할 수 있는 배경이 되었습니다. 1625년 왕위에 등극한 찰스 1세는 감독교회를 추구했습니다. 그래서 그는 교회 안으로 옛 가톨릭의 제도와 행태를 재도입했습니다. 1637년 찰스 1세는 영국 전역에 영국 국교회 예배 의식을 실행할 것을 명령했습니다. 그러나 북쪽 스코틀랜드에는 이미 개신교가 뿌리를 내린 상태였습니다. 1638년 스코틀랜드 지역은 왕이 세운 감독과 교회제도를 모두 폐지했습니다. 찰스 왕은 이를 반역으로 간주하여 군대를 파견했습니다. 그 전쟁에서 찰스 1세는 패하게 되었습니다. 전쟁에 패했으므로 조약을 체결할 때까지 스코틀랜드 군인들의 비용을 지불해야 했으므로 의회를 소집했습니다. 이 의회가 바로 장기의회(長期議會)이며, 바로 그 의회에서 웨스트민스터 신앙

---

131) 웨스트민스터 신앙고백 해설집으로는 A.A. 하지, 『웨스트민스터 신앙고백 해설』, 김종흡 역 (경기: 크리스찬 다이제스트, 2010)과 R.C. 스프로울, 『웨스트민스터 신앙고백 해설』, 이상웅, 김찬영 역 (서울: 부흥과개혁사, 2011)이 있습니다.

고백이 채택되었습니다.[132]

1643년 영국 런던의 웨스트민스터 예배당에서 소집된 회의는 1,163회의 회의를 거쳐 신앙고백서를 완성하였고, 무려 5년의 시간이 소요되었습니다. 이 고백서는 영국 교회가 일치된 신앙고백을 갖기를 원하여 의회에 의해 정식으로 요청된 것이며, 스코틀랜드에서 파송 받은 사람들의 많은 도움으로 탄생하였습니다. 여기에는 혼란한 정치적 상황에서도 바른 말씀에 기초한 신앙을 열망한 잉글랜드 성도들의 열정이 담겨 있습니다. 의회의 승인을 받은 후 얼마 지나지 않아, 잉글랜드 교회가(흔히 영국성공회라 부르는) 국교회가 되면서 이 고백서는 받아들여지지 않았습니다. 오히려 스코틀랜드를 거쳐 미국으로 전파되어 더 많은 교회들로부터 인정받게 되었습니다. 처음에는 33장으로 구성되었지만 미국 장로교회에서 두 장을 첨가하여 한국에는 35장으로 소개되었습니다. 대교리문답과 소교리문답, 그리고 정치조례가 함께 만들어져 장로교회의 사랑 받는 신앙고백이 되었습니다.

성경, 삼위일체 하나님, 창조와 섭리, 인간의 타락과 하나님의 언약, 중보자 그리스도, 구원의 여러 측면들(부르심, 칭의, 양자 등등), 예배와 안식일, 국가, 결혼 그리고 교회와 교회 회의를 내용으로 담고 있습니다. 대교리문답은 성인들을 위한 교육서로 전체 196문으로 구성되었으며, 어린이 교육을 위한 소교리문답은 107문으로 구성되었습니다.

---

132) 웨스트민스터 신앙고백서가 만들어진 역사적 배경에 대해서는 허순길, 『교회사 산책』(서울: 대한예수교 장로회 총회출판국, 2009), 210~215를 참고하세요.

1. 교회와 신앙고백의 관계를 설명해봅시다.

2. 마태복음 7,16장은 신앙고백의 중요성을 어떻게 가르칩니까?

3. 니케아 신경을 통하여 확증된 신앙고백은 무엇입니까?

4. 아타나시우스가 세운 두 가지 공은 무엇입니까?

5. 벨직 신앙고백서와 함께 받아들여진 세 개의 일치 신조는 무엇입니까?

6. 도르트 신경의 다섯 가지 주제는 무엇입니까?

7. 웨스트민스터 신앙고백, 대·소교리문답은 각각 몇 문으로 이루어져있습
니까?

~

9

교회 중심으로 사는 삶

교회 중심의 삶을 위한 조건 | 교회 중심의 삶의 실제

9

교회 중심으로 사는 삶

우리는 지금까지 교회에 대한 성경의 가르침을 살폈습니다. 이제 이러한 원리 위에, 교회의 지체인 성도들의 삶을 생각하려 합니다. 성도들의 삶은 매우 다양한 측면이 있습니다. 성도는 세상에서 여러 공동체의 일원으로 살아가는 동시에, 같은 신앙을 가진 그리스도인들과도 관계를 맺으며 삽니다. 이 장에서는 특별히 성도들이 교회와 더불어 사는 삶의 실질에 대해 나누려합니다.

| 교회 중심의 삶을 위한 조건

하나님의 구속역사를 바르게 이해해야

옛 언약백성인 이스라엘은 하나님께로부터 언약의 저주를 받음으로 제사장 나라, 거룩한 백성으로서의 특권을 상실했습니다(마24장; 롬9~11장). 이제 이 특권은 예수님께서 사도들을 통해 모으신 교회에게 주어졌습니다. 그러므로 역사는 항상 교회를 중심으로 움직입니다. 역사의 주관자이신 하나님께서 당신의 구원역사를 이루시기 위해 교회를 사용하십니다. 아무리 세속 역사가 요동치고 격변하여 복잡해보여도 교회 역사를 이해하면 바른 역사관을 가질 수 있습니다.

하나님께서는 아브라함과 언약을 맺으시면서 가나안의 죄에 대해 분명하게 말씀하셨습니다. 하나님의 백성들이 400년 동안 이방의 객이 되어 살다가 약속의 땅을 얻을 것을 말씀하시면서 "아모리 족속의 죄악이 아직 관영치 아니함이니라"라고 하셨습니다(창15:16). 이는 세속 국가의 흥망성쇠가 하나님의 주권에 달려있음을 보여주는 확고한 증거입니다. 느부갓네살 왕이 자신이 꾼 꿈을 알려달라는 어처구니없는 요청을 했을 때, 다니엘이 한 고백을 보십시오. "그는 때와 기한을 변하시며 왕들을 폐하시고 왕들을 세우시며 지혜자에게 지혜를 주시고 지식자에게 총명을 주시는도다(단2:21)." "왕들을 폐하시고 왕들을 세우시며"라는 말씀은 세속 국가의 역사도 하나님께서 주관하심을 가르칩니다.

바울 역시 같은 가르침을 주었습니다. 아덴(아테네)을 방문한 바울이 복음을 전하면서 행한 설교 중 한 대목입니다. "인류의 모든 족속을 한 혈통으로 만드사 온 땅에 거하게 하시고 저희의 년대를 정하시며 거주의 경계를 한하셨으니(행17:26)." 여기에서도 분명하게 확인됩니다. 하나님께서 나라들의 연대와 거주의 경계를 정하셨다고 합니다. 어떤 국가가 아무리 강력하더라도 그 나라가 유지되는 것은 하나님의 교회 때문입니다. 모든 국가는 하나님의 교회로 인해 존재 의의를 지니게 됩니다.[133]

교회는 역사의 중심입니다. 이는 성도들이 교회 중심으로 살아야

---

133) 웨스트민스터 신앙고백서 23장 국가 공직자에 대한 가르침에서 다음과 같이 말합니다. "온 세계의 대주재시요 왕이신 하나님께서는 자기의 영광과 공공의 선을 위하여 국가 공직자를 자기 아래 그리고 백성 위에 세우셨으며." 이는 모든 권위가 주께로부터 옴을 가르치기도 하지만 동시에 하나님께서 역사의 주관자이심도 알게 합니다.

하는 가장 확고한 근거입니다. 바울은 "내가 복음을 위하여 모든 것을 행함은"이라 했습니다(고전9:23). 바울의 삶의 중심은 항상 복음이었습니다. 성도들의 삶도 마찬가지입니다. 우리의 삶은 항상 복음을 위한 삶입니다. 이를 우리의 신앙고백, 웨스트민스터 소교리문답은 "사람의 제일 되는 목적이 무엇입니까"라고 질문한 후, "사람의 제일 되는 목적은 하나님을 영화롭게 하고 그를 영원토록 즐거워하는 것입니다"라고 답합니다. 성도는 복음을 위해 살아야 하고 하나님을 영화롭게 함으로 즐거워합니다. 그러니 성도의 삶은 전적으로 교회 중심적이어야 합니다. 왜냐하면 하나님께서는 교회를 통해 복음을 세상으로 전파하시며, 교회를 통해 하나님 나라의 백성들을 불러 모으시기 때문입니다. 그래서 예수님께서는 베드로의 신앙고백을 들으신 후 교회에 대해 가르치면서, 교회가 "천국 열쇠"를 가졌다고 말씀하신 것입니다(마16:19).

교회 중심으로 산다는 것은 예배당 옆으로 이사한다는 의미가 아닙니다. 교회 중심의 삶이란 본질적으로 하나님 중심의 삶이며 성경 중심의 삶입니다. 이는 학생신앙운동(Student For Christ) 강령이 말하는 바로 그것입니다. 교회 중심의 삶은 하나님의 구속역사를 이해함으로 가능합니다. 하나님의 구속역사를 이해한 사람은 교회 중심적으로 살 수밖에 없습니다. 만약 어떤 성도가 하나님의 구속역사를 이해했다 말하면서 여전히 개인주의적인 신앙을 가지고 산다면, 그는 하나님의 구속역사를 바르게 이해하지 못한 것입니다.[134]

---

134) 한국 교회 성도들은 이 면에서 많은 약점을 가지고 있습니다. 예를 들어, 구원을 매우 개인적인 사건으로 이해한다든지, 복음과 더불어 살아가는 삶도 개인의 삶으로 제한하곤 합니다. 그러나 가장 단순한 한 가지 사실을 기억해 봅시다. 신약성경의 상당한 부분이

하나님의 구속역사는 성경전체에 흐르는 핵(核)입니다. 사람들은 종종 세속역사의 테두리 안에서 하나님의 구속역사를 조망하려는 시도를 합니다. 그러나 이는 주객이 전도된 것입니다. 모든 역사는 하나님의 구속을 중심으로 진행됩니다. 그러므로 하나님의 구속역사를 먼저 알아야 세속역사에 대한 바른 해석이 가능합니다.

하나님의 구속역사를 바르게 이해한다는 말은 매우 포괄적인 의미를 지닙니다. 우리는 성경을 통해 하나님의 뜻을 여러 가지로 알게 됩니다. 구원의 가장 기본적 도리를 배우고, 기도가 무엇인지, 예배가 무엇인지, 헌금이 무엇인지 등 여러 가지를 배웁니다. 시간이 지나면 삼위 하나님을 더욱 깊이 알게 되고 인간의 삶의 목적도 알 수 있게 됩니다. 그리고 교회를 알고 하나님 나라를 아는 수준에 이릅니다. 어떤 면에서 하나님의 구속역사를 이해한다는 것은 이런 모든 것들을 다 이해한다는 말입니다. 물론 이렇게 성경에 나타난 모든 것을 세세하게 안다는 뜻이 하나님의 구속역사를 이해한다는 말에 포함되어 있기는 하지만, 이보다 더 근원적인 의미가 있습니다.

하나님의 구속역사를 안다는 것은 무엇보다도 하나님께서 자기 왕국을 위하여 어떤 계획을 하셨고, 그 왕국이 어떻게 이루어지며, 보존되고 유지되는지를 깨닫는다는 뜻입니다. 이는 인류의 역사가 어디에서 출발하여 어디로 향하는지 알아, 지혜로운 삶을 살게 됨을 의미합니다. 다시 말해, 하나님의 구속역사를 이해한다는 것은 '방향'을 정확하게 아는 것입니다. 창조에서 시작된 하나님의 거대한 뜻이 이스라엘의 역사와 그리스도의 오심을 통하여 명료하게 드

서신들입니다. 그 서신들의 수신자가 누구입니까? 한 개인입니까 교회입니까? 대부분의 서신들이 교회에게 주어졌습니다. 교회를 이해하지 못한 채로 성경을 읽는다면 바르게 성경을 이해했다 하기 어렵습니다.

러났습니다. 하나님께서는 거기에서 멈추지 않으시고 교회라는 기관을 이 땅에 선물로 주셨습니다. 그 교회는 그리스도의 재림 곧 역사의 끝을 향하여 달려갑니다. 이러한 역사의 큰 물줄기를 이해할 때, 교회가 갖는 독특성과 특별함 그리고 그 유일성의 본질을 이해할 수 있습니다. 역사의 시작이 있고 끝이 있다는, 그리고 믿는 자에게 영생이 선물로 주어진다는 구원의 비밀이 교회를 통하여 인류에게 소개됩니다. 그러니 하나님의 구속역사를 이해하는 것은 필연적으로 교회를 바르게 이해하는 것으로 나아갑니다. 그래서 성경이 가르치는 바를 두 단어로 요약하면 하나님 나라와 교회입니다. 이렇듯, 교회 중심으로 산다는 의미를 바르게 이해하기 위해서는 성경을 통해 구속역사의 큰 물줄기를 이해함으로 가능합니다. 이는 마치 초행길을 달리고 있는 운전자가 성능 좋은 내비게이션(navigation)의 안내를 받아 목적지에 올바로 도착하게 되는 것과 같습니다.

성경적 세계관으로 무장해야

성도는 두 신분을 가지고 살아갑니다. 하나는 하늘 백성의 신분이며, 다른 하나는 세속 국가의 국민이라는 신분입니다. 이 두 신분은 성도의 삶을 규정하는 기준이 됩니다. 개혁신앙은 모든 그리스도인들에게 자신이 소속된 국가에 복종하라 가르칩니다. 그러나 세속 국가의 요구가 성경에 위배된다면 단호히 거부할 것도 가르칩니다. 이는 성도의 신분이 본질적으로 하늘에 있으며, 하나님 나라의 백성으로서의 삶이 한 국가의 국민으로서의 삶보다 우위에 있음을 강조합니다.[135]

---

135) 웨스트민스터 신앙고백서 제 23장 3항은 다음과 같이 가르칩니다. "국가 공직자들은

이러한 두 신분에 대한 이해는 성도가 세상에서 어떻게 살아야 할지 고민하게 하며 세심하게 주의를 기울이게 합니다. 동시에 성경적 세계관으로 무장해야 하는 이유를 알게 합니다. 성경적 가정관, 성경적 국가관, 성경적 직업관, 성경적 역사관, 성경적 정치관, 성경적 사회관 등 성도의 삶과 관계된 모든 문제들에 대해 성경적인 답변을 제시할 수 있어야 합니다. 그러할 때 교회 중심의 삶은 빛을 발합니다.[136]

성경이 가르치는 남편과 아내의 역할 그리고 성경이 가르치는 가정의 의미와 목표를 바르게 이해하고 있어야 합니다. 그러할 때 가정과 교회의 관계를 바로 알아 교회의 구성원으로서의 사명을 잘 감당할 수 있습니다. 국가에 대한 성경적 이해도 마찬가지입니다. 그리스도인들 중에 민족주의적인 시각을 가지신 분들이 종종 있습니다. 그분들은 하늘나라 백성으로서의 삶보다 자신이 소속된 민족과 국가를 위해 사는 것을 더 가치 있게 여깁니다. 이러한 사고(思考) 때문에 타국 선교지에서 자민족 우월주의 행태가 나타납니다. 정치에 대한 이해도 동일합니다. 그리스도인 정치가는 성경적 세계관을 따라 입법 활동과 관료의 책무를 감당해야 합니다. 이러한 모든 성경적 세계관은 인류의 삶과 역사에서 교회가 차지하는 중요성을 필연적으로 깨닫게 합니다.

말씀과 성례의 집례나 천국의 열쇠권을 전유하거나, 믿음의 사안에 조금이라도 개입하여서는 안 된다."

136) 우리는 교회 역사 속에서, 교회가 신앙고백과 교회 회의를 통해 교회 안팎의 다양한 문제들에 대하여 성경적인 답변을 늘 제시해왔음을 발견합니다. 이러한 교회의 유산을 우리는 감사함으로 받습니다. 동시에 현재와 미래에도 이러한 노력이 지속되어야 함을 느낍니다. 지난 역사 속에서 그래왔듯이 교회의 회의는 늘 삶의 문제들에 대한 성경적 답변을 제시해야 합니다. 총회나 노회가 성경적 세계관을 제시할 수 없는 지경에 이르면 그 교회는 능력을 상실할 뿐만 아니라 방향을 잃어 종국에는 좌초할 수밖에 없습니다.

성경적 세계관이 잘 갖춰진 교회와 그렇지 못한 교회는 각 교회의 성도들의 삶을 통해 단번에 구별된다는 것을 알 수 있습니다. 그둘의 차이는 결국 하나님의 구속역사의 주체가 되느냐 아니면 그반대편에 서느냐 하는 양 극단의 모습으로 귀결됩니다. 한국 교회가 성경적 세계관을 바르게 이해함으로 아류의 교회가 아니라 보편교회에 소속되기를 소망합니다.

| 교회 중심의 삶의 실제

먼저 교회를 아는 일에 최선을 다해야

너무나 당연한 일이 특이하게 취급되는 것은 비단 한국 사회만의일상이 아닙니다. 많은 이들이 한국 교회 역시 상식이 통하지 않는다고 한탄합니다. 교회 중심의 삶을 살기 위해서는 먼저 성경이 가르치는 교회가 무엇이며, 그 교회의 본질과 사명은 무엇이고, 어떻게 탄생하며 유지되고 보존되며 성장하는가를 알아야 합니다. 수십년 동안 교회 안에서 교회의 구성원으로 살고 있는데도 교회에 대해 무지한 성도들이 허다합니다. 어떨 때는 교회의 지도자들도 별반 다를 바 없다는 느낌을 받을 때도 있습니다.

교회를 가장 잘 안다고 하는 이들이 하는 이야기를 가끔씩 가만히 듣고 있노라면 수많은 의문점들이 생기곤 합니다. 교회를 안다는 이들의 주장이라고는 도저히 믿기지 않는 경우가 빈번합니다. 그들은 교회를, 주일에 한 번 예배를 드리고 적절히 헌금을 내는 곳으로, 몇몇 열심 있는 이들이 선교니 복음전파니 하면서 아까운 시간과 물질을 바치는 곳으로 이해합니다. 그러니 주일에 예배가 두 번 있더라도 한 번만 드리면 된다고 생각합니다. 대학 입시생들을 위해 이른 아침에 예배 드리는 시간을 따로 마련하지만, 주일의 나머지 시간 동안 하루 내내 학교에서 생활하게 하는 모습을 전혀 이상하지 않게 여깁니다. 오랫동안 집사로 봉사한 사람은 의례히 장로가 되어야 한다고 생각합니다. 직분을 계급으로 이해하지 봉사로 이해하지 못합니다.

이와 같은 현상들은 교회에 대한 바른 이해가 결여되었기 때문입니다. 성도들이 교회 중심으로 산다는 것은 먼저 성경을 통해 교회를 배움으로써 가능합니다. 교회를 이해하지 못하면서 어떻게 교회 중심의 삶을 살 수 있겠습니까! 교회는 우리 모든 인생을 던질 수 있는 신령한 공동체입니다. 교회는 하나님 나라의 현현(顯現)입니다.

나아가 성경적인 교회를 아는 일에서 끝날 것이 아니라 그러한 교회를 이 땅에 세워달라고 기도해야 합니다. 이는 사람이 교회를 세우는 것이 아니라 삼위 하나님께서 교회를 세우신다는 사실을 깊이 인식함으로 가능합니다. 성도들은 단지 하나님께서 보여주신 그 말씀에 순종할 따름입니다. "나는 심었고 아볼로는 물을 주었으되 오직 하나님은 자라나게 하셨나니 그런즉 심는 이나 물 주는 이는 아무것도 아니로되 오직 자라나게 하시는 하나님뿐이니라(고전 3:6,7)"라는 이 말씀을 기억해야 합니다. 하나님께서 자라게 하신다는 고백 위에 성도들의 순종이 따라옵니다. 그러므로 성도들의 순종은 하나님께서 기뻐 받으시는 제사입니다.

성도들은 순종을 통하여 성경이 가르치는 교회를 세우기 위해 최선을 다해야 합니다. 예를 들어, 졸업을 앞둔 어떤 대학생이 성경적인 교회를 세우기 위해 대(大)도시에 좋은 직장이 있음에도 불구하고 이를 포기하고 작은 중소기업을 선택하여 지방에 남는 선택을 할 수 있어야 합니다. 성경에 기록된 믿음의 사람들의 행적은 특별한 사람들의 특별한 인생이 아닙니다. 이는 모든 신실한 그리스도인들의 삶의 원리입니다. 히브리서 11장에 기록된 믿음의 선진들의 여정은 성경적인 교회를 건설하려는 모든 이들의 삶의 원천이요 힘입니다.

성경적인 교회는 분명한 표지를 갖고 있습니다. 바른 말씀 선포와 성례의 집행, 정당한 권징의 시행이 살아있는 교회를 건설해야 합니다. 동시에, 교회는 예배와 복음전파와 연합의 사명도 감당해야 합니다. 우리가 살핀 대로 교회는 분명한 속성이 있습니다. 교회의 사명과 표지, 그리고 속성을 위해 성도들은 자신의 인생을 투신해야 합니다. 이것이 교회 중심의 삶입니다.

흔히 유명한 교회의 지도자들이 교회를 진단하면서 내리는 처방을, 우리는 받아들이지 않습니다. 교회에는 10%의 앞서서 일하는 일꾼이 있고, 80%의 관망자들이 있으며, 10%의 반대자들이 있다는 규정이야말로 가장 비성경적인 사고(思考)입니다. 이는 사회집단을 평가할 때나 사용할 수 있는 사고(思考)입니다. 교회는 오직 믿는 자와 믿지 않는 자로 구별될 따름입니다. 즉, 교회는 알곡과 가라지로 나뉠 뿐입니다. 그러므로 성경적인 교회는 가라지를 가려 뽑아 제거합니다. 옥토에 뿌려진 씨와 같은 성도는 30배, 60배, 100배의 결실을 맺는 것이 필연입니다.[137]

---

137) 마태복음 13장에 등장하는 씨 뿌리는 비유가 가르치는 바는 하나님의 말씀이 옥토에 뿌려져 많은 열매를 맺는다는 것입니다. 길가, 가시밭, 흙이 얕은 곳에 뿌려진 씨는 열매를 맺지 못하고 죽습니다. 옥토에 뿌려진 씨로 맺혀진 열매는 사도들로 대변되는 새로운

삶의 목표가 하나님의 구원과 연관을 가져야

인생은 선택의 연속입니다. 태어나면서부터 죽을 때까지 여러 가지를 선택해야 합니다. 부모와 친척들의 도움으로 학교를 선택하고, 배우자를 선택하며, 어느 직장에 들어갈지를 선택합니다. 어떤일을 할지를 선택하는 것에서 끝나지 않고 어떻게 살 것인가도 선택합니다. 성도는 이러한 환경에서 자라고 생활합니다. 그러므로자연스럽게 친구나 다른 사람들의 기준을 배우고 따라갑니다. 그러나 성도들은 믿지 않는 자들의 선택과 전혀 다른 길을 걸어야 할 신분을 가졌습니다.

믿지 않는 자들은 자신이 생각하는 것을 삶의 우선순위에 두고선택하고 인생을 설계하며 실제로 살아갑니다. 그러나 믿는 성도는모든 것이 성경 중심적이어야 합니다. 성경이 가르치는 대로 살아야 하며 성경이 가르치는 대로 생각해야 합니다. 자녀를 키우고 교육할 때에도 이 원리는 동일합니다. 어느 그리스도인 부모든지, 자녀에게 학업에 성실할 것을 요구할 수 있습니다. 그러나 좋은 배우자와 좋은 직장을 얻기 위해 학업에 성실한 것을 요구하면 안 됩니다. 심지어 세상에서의 출세가 궁극적 목적이면서 겉으로는 종교적목적을 자녀에게 가르치는 부모들도 종종 있습니다. 즉, 속으로는자녀가 좋은 대학을 다니고 좋은 직장을 구해 부를 얻어 세상 사람들에게 무시당하지 않으면서 사는 것이 진짜 목적이면서도, 겉으로는 세속국가의 높은 관직에 오르면 선한 영향을 많이 끼칠 수 있으니 열심히 학업에 전념해야 된다고 가르칩니다. 이는 하나님을 욕되게 하는 행동입니다.

언약백성인 교회입니다.

하나님께서는 당신의 백성들을 부르시기 위해 교회를 인류 가운데 선물로 주셨습니다. 그 교회는 하나님의 뜻을 드러내는 유일한 기관으로 주어졌습니다. 모든 성도의 삶은 하나님의 뜻이 드러나는 유일한 기관인 교회의 본질과 사명에 연결되어 있어야 합니다. 기독교 세계관을 강조하는 이들의 말을 빌리자면, 기독교적 가치관을 지닌 성도들이 정치와 문화와 교육과 삶의 모든 영역에서 일해야 된다고 합니다. 그렇습니다. 이들의 주장이 틀리지 않습니다. 그런데 결정적으로 그러한 성도를 낳고 양육하며 훈련시키는 곳인 교회를 소홀히 하는 경향이 많이 있습니다. 이는 참으로 유감입니다. 그러므로 준비된 기독교 교사를 길러내기 위해서는 교회가 건강해야 합니다. 성경적 세계관에 정통한 정치인이 교회를 통하여 배출되어야 합니다. 이러한 일이 어떻게 가능합니까? 이는 어릴 때부터 삶의 목표가 하나님의 구속역사와 얼마나 깊이 연결되어 있는지 살피고 교육함으로 가능합니다.

삶의 목표가 하나님의 구속역사와 연결될 때, 교회 중심의 삶은 자연스럽게 실현됩니다. 그저 세상에서 잘 먹고 잘 사는 것은 믿지 않는 자들의 삶의 목표입니다(마6:31,32). 그러나 그리스도인들의 삶은 철저하게 하나님의 뜻을 이 땅에서 펼치는 것이어야 합니다. 우리가 늘 외우는 주님께서 가르쳐 주신 기도의 한 부분처럼 말입니다. "뜻이 하늘에서 이루어진 것같이 땅에서도 이루어지이다(마6:10)." 이러한 주님의 뜻은 교회를 통하여 이루어집니다. 바로 이 점에서 개혁신학은 일부의 복음주의 그리고 해방신학과 근본적으로 다릅니다.[138] 성도들은 다양한 직장과 삶의 현장을 갖고 있습니

---

138) 해방신학은 하나님의 구원을, 사회조직과 체제의 변화를 통해 인간의 삶의 질을 높

다. 성도들은 그러한 다양한 직장과 삶의 현장 자체가 목적이 되면 안 됩니다. 성도들의 삶은 하나님의 구속역사를 실천하고 깨닫는 장이어야 합니다. 그러므로 직장을 구하고 배우자를 선택하며, 심지어 대학 진학을 앞두고 전공을 선택하는 것까지도 하나님의 구속역사와 연결되어 결정되어야 합니다.

질서 있는 생활

① 직분을 따라 움직이는 교회

하나님께서 이스라엘 백성들에게 여러 가지 구약의 제도와 법을 주신 이유가 무엇일까요? 여러 이유가 있으셨겠지만, 무엇보다도 이스라엘을 통해 열방 가운데 하나님의 왕국을 보여주고 싶으셨기 때문입니다. 즉, 이스라엘이 하나님의 규례와 법도를 잘 지킨다면 하늘나라의 원리와 모습을 이방 세계에 알리게 된다는 것입니다. 이는 이스라엘의 삶이 열방의 삶과 근본적으로 완전히 다른 원리와 모습으로 움직인다는 것을 의미합니다. 교회 역시 마찬가지입니다. 교회는 세상의 어떤 사상으로도 이해할 수 없는 교회만의 운영 원리를 지니고 있습니다. 그 중 대표적인 것이 바로 교회는 직분을 따라 움직인다는 사실입니다.

목사와 장로와 집사에게는 각각의 고유한 봉사의 영역이 있습니다. 각 직분은 유기적으로 연결되어 있어 함께 섬기며 봉사합니다. 동시에 목사의 사역을 장로와 집사가 존중해야 하며, 장로의 사역

이는 것으로 이해합니다. 일부 복음주의자들 가운데서도 선교의 개념을 확대하여 빈민구제나 교육을 통한 사회 전반의 변혁을 추구합니다. 그러나 개혁신학은, 사회구조나 삶의 질의 변화는 복음을 받은 자들의 삶의 결과물이지 그것 자체가 복음전파(혹은 선교)의 영역에 들어올 수 없음을 분명하게 가르칩니다.

을 목사가 존중해야 합니다. 또한 집사의 사역을 목사와 장로가 대신할 수 없습니다. 물론 교회의 신앙이 미숙하고 영적으로 각 직분을 수행할 수 있는 성도가 없을 때에는 장로의 기능을 목사가 임시로 대신할 수는 있습니다. 그러나 정상적인 교회의 모습은 목사와 장로와 집사의 고유한 기능이 상호 협력을 통하여 교회를 아름답게 세워가는 것입니다.

목회자들 가운데 제직회를 통하지 않고 재정을 이리저리 사용한다는 사례를 가끔씩 접합니다. 어떤 분들은 이를 자랑스럽게 생각하기도 합니다. 그러나 이러한 행태는 성경이 가르치는 원리와는 거리가 있습니다. 목사는 재정 사용에 있어서 큰 원리와 방향을 제시할 수는 있지만 그것을 자기 마음대로 사용할 수 있는 권한은 없습니다. 이와는 반대로 집사는 가르치는 권한이 없습니다. 그런데 때때로 나이 어린 목사를 가르치려는 집사들이 있습니다. 이는 성경이 가르치는 바가 아닙니다. 교회는 나이로 움직이는 공동체가 아닙니다. 특별히 유교 문화에 익숙한 한국 교회는 이를 매우 조심해야 합니다. 장로 역시 마찬가지입니다. 아무리 나이가 많아도 나이 어린 목사에게 말씀의 원리를 배워야 합니다. 바울이 디모데에게 가르친 말씀은 온 세계의 교회가 따라야 할 원리입니다(딤전 4:12~16).

성도들과 직분자들과의 관계도 동일합니다. 직분은 교회를 교회되게 하는 하나님의 능력이 드러나는 현장입니다. 그러므로 우리는 히브리서의 말씀을 따라 직분자들의 믿음을 본받아야 하며, 순종하고 복종하며 그들로 하여금 즐거움으로 일하게 해야 합니다(히 13:7,17).

② 가장 중심의 가정생활

가정이 해체된다는 우려의 목소리가 여기저기에서 들립니다. 한국 사회에서는 이를 사회적 문제로 인식하고 그 대책을 고심하지만 뾰족한 대안이 없는 듯합니다. 이러한 사회적 현상이 교회 안에도 가만히 들어와 있습니다. 성도들 가운데도 이혼과 재혼이 빈번히 일어나며, 결손 가정에서 자란 아이들이 상처를 안고 살아갑니다. 성경은 우리의 가정생활에도 유일한 지침이 됩니다.

아담과 여자는 동등한 본질로 지음 받았습니다. 그러나 이들의 사역은 각각 달랐습니다. 아담이 직분적 사명을 받은 반면, 여자는 돕는 배필로 지음 받았습니다(창2:18). 동등한 본질을 가졌지만 각각 담당할 사역이 다른 두 인격의 만남이 바로 결혼입니다. 이들은 서로 협력하여 하나님의 왕국 건설에 봉사해야 합니다. 그러나 죄로 말미암아 타락함으로 이러한 관계는 깨어졌고 결국 여자는 남편을 다스릴 욕망을 가지게 되었습니다. 그러나 하나님께서는 여자의 그러한 욕망이 남자에 의해 제어될 것을 말씀하십니다(창3:16).

이렇듯 성도들은 가정생활에서부터 질서를 따른 삶을 살아야 합니다. 교회 중심의 삶이란 질서를 따라 사는 삶이기에 교회의 기초가 되는 가정에서도 마땅히 질서를 따라 살아야 합니다. 남편와 기능이 있고 아내의 기능이 있으며 자녀들의 자리가 있습니다. 신앙이 좋은 아내가 일시적으로 남편의 기능을 대신할 수 있지만 그러한 관계가 오래 지속되는 것은 바람직하지 않습니다. 설령 아내가 남편보다 신앙이 좋다하더라도 남편이 바른 신앙과 바른 사명을 깨달을 수 있도록 내조해야 합니다.

디모데전서 2:12~15 말씀은 가정생활에서도 매우 중요한 기준입

니다. "여자의 가르치는 것과 남자를 주관하는 것을 허락지 아니하
노니 오직 종용할찌니라 이는 아담이 먼저 지음을 받고 이와가 그
후며 아담이 꾀임을 보지 아니하고 여자가 꾀임을 보아 죄에 빠졌
음이니라 그러나 여자들이 만일 정절로써 믿음과 사랑과 거룩함에
거하면 그 해산함으로 구원을 얻으리라."

③ 이명서를 통한 교회 간의 질서

장로교 성도가 감리교를 다니는 것이 이상하지 않는 시대에 살
고 있습니다. 이는 자신의 신앙의 뿌리가 무엇인지에 대한 무관심
의 결과이며, 자기 정체성에 대한 이해가 부족하기 때문에 나타나
는 현상입니다. 종교개혁의 후예들은 자신이 믿는 바를 위해 살았
고 그 신앙을 파수하기 위해 죽음도 두려워하지 않았습니다. 그러
나 이러한 선조들의 신앙은 한국의 그리스도인들에게 아무런 감흥
을 일으키지 못하고 있습니다.

현대사회에서 거주지를 옮기는 것은 대단히 용이합니다. 그에 따
라 성도들도 자주 거주지를 옮길 수 있습니다. 그러할 때, 이들은
어떻게 교회생활을 지속할 수 있습니까? 개혁신앙의 전통은 이에
대한 분명한 답을 제공합니다. 자신이 다닌 교회 당회의 지도 아래
동일한 신앙을 고백하는 교회를 천거(薦擧) 받아 출석할 것을 권합
니다. 이때, '이명증서'는 성도의 신앙에 대한 보증입니다.

지금은 이러한 '이명증서' 교부가 상당히 희석되었지만 수십 년 전
의 우리 고신교회 안에서는 매우 일반적이었습니다. 우리는 이 전통
을 다시 회복해야 합니다. 이명증서는 한 성도의 신앙에 대한 보증
일 뿐만 아니라 동일한 신앙을 고백하는 교회 간의 질서이기도 합니

다. 이는 무분별한 교회 이동을 제어할 뿐만 아니라 그로 인해 파생되는 여러 가지 문제를 미연에 방지하는 매우 유용한 제도입니다.

주의 날과 예배의 감격을 누리는 삶

개혁신학은 은혜의 방편을 통하여 교회가 출현하고 지속되며 성장한다고 가르칩니다. 즉 교회는 말씀과 성례와 기도를 통하여 태어나고 자라며 유지됩니다. 이러한 은혜의 방편이 가장 집약적이고 감격적이며 실제적으로 나타나는 때가 예배입니다. 동시에 주의 날은 하나님의 안식, 곧 삼위 하나님께서 행하신 사역을 즐기는 날입니다. 이는 창조에서 시작되어 그리스도의 십자가와 부활을 통하여 더 구체화 되고 극대화 되었습니다. 그러므로 주의 날 자체가 갖는 구속사적 의미와 예배는 절묘한 조화를 이루며 하나님의 백성인 교회에게 주어진 특권입니다. 이는 하나님 나라를 누리는 잔치입니다.

교회는 '예배로 모임'으로 진정한 교회가 됩니다. 삼위 하나님과 연합되는 즐거움의 누림이 예배이며, 이를 통해 교회의 정체가 드러납니다. 죄인이며 동시에 의인인 백성이 하나님을 부름으로 시작하여 죄의 공적 고백을 통해 사죄의 즐거움을 만끽합니다. 말씀의 봉사를 통하여 하나님을 알고, 그 앎을 눈으로 확인하며 확증하는 성례를 즐깁니다. 자비의 사역을 통하여 하늘의 원리를 드러내며, 기도와 찬송은 하나님의 구속을 높입니다. 강복의 선언을 통하여 언약의 하나님으로부터 오는 복을 마음껏 누립니다.

주의 날에 드리는 예배야말로 교회 중심의 삶의 실제입니다. 성도들은 예배 속에서 새 언약의 완성이신 그리스도를 통하여 언약 맺음의 환희와 유익을 즐깁니다. 그러므로 매 주일마다 교회는 언약의 축복에 잠깁니다. 그 때, 하늘과 땅이 만나고 온 천지가 영광의 찬송으로 가득합니다. 한국 교회의 예배와 주의 날이 이러한 감격과 즐거움이 상당히 상실되었다는 소식을 듣습니다. 신앙이 있는 몇몇 성도들에게는 주의 날이 과도한 봉사로 지치고 피곤한 날이 되었습니다. 대다수의 평범한 그리스도인들에게 주의 날은 마치 의무 방어를 하듯이 부리나케 예배를 드리고 각자 개인적인 일을 위해 가정으로 돌아가는 진귀한 풍경을 연출합니다.

교회 중심의 삶은 주의 날의 예배에서 출발하여 예배로 끝납니다. 예배를 통하여 하나님의 뜻을 알고 자기를 발견하며, 하나님과의 언약 관계를 다시금 공고히 합니다. 교회가 달려가야 할 길을 예배를 통해 더욱 깊이 인식하고 한 몸 됨을 체험합니다. 이는 세례와 성찬을 통하여 극치를 이루며 강복선언(언약의 복과 저주를 선언하는 것이지 기도가 아닙니다)을 통하여 그리스도의 중보를 통한 언약 갱신이 종결됩니다.

세례는 하나님의 언약백성이 되었음을 공적으로 선언하는 행위입니다. 그러므로 성도 개인에게도 가장 영광스러운 일이지만 교회의 잔치입니다. 한국 교회는 이를 좀 더 적극적으로 축하하고 감사할 수 있는 순서를 마련하는 것도 좋으리라 생각합니다.[139] 이는 주의 날과 예배의 의미를 더욱 풍성케 합니다.

---

139) 필자의 교회의 경우 유아세례와 성인세례를 불문하고 세례가 베풀어진 주일 오후 시간 중에 세례 받은 이들을 위해 축하식을 합니다. 주로 세례교인들 중 몇 명이 축하 편지를 회중 앞에서 읽고 전달하며, 때로는 아이들이 축하 편지를 쓰기도 합니다. 세례 받은 성도의 소감을 듣고 난 후, 목회자가 세례증서를 전달하고 성도들이 각자 준비해 온 작은 선물을 세례 받은 성도에게 전달하기도 합니다. 세례 받는 성도는 온 성도들을 위해 간단한 간식을 준비하여 함께 나누어 먹습니다.

예배가 언약백성의 사명과 의무이지만 동시에 특권이기도 합니다. 믿지 않는 자들은 절대로 하나님을 예배할 수 없습니다. 그러므로 믿는 자들만 예배에 참여해야 합니다. 물론, 복음을 듣기 위해 찾아온 이들에게 예배는 어느 정도 열려있습니다. 그러나 예배는 일차적으로 하나님의 백성인 교회만이 삼위 하나님과 공개적으로 즐기는 교제의 장입니다. 그러므로 아무나 이 영광스럽고 복된 예배에 참여할 수 없습니다. 당회는 예배에 참여할 자와 그렇지 못할 자를 구별하고 심사할 책임이 있습니다. 이 직무가 주의 날을 통하여 잘 드러나야 합니다.

당회의 허락 없이 개인이 마음대로 타 교회의 예배에 참여하는 것이 한국 교회 안에서는 일상이 되었습니다. 이는 몹시 무질서한 행위입니다. 개혁신앙은 사업이나 여행 때문에 다른 지역을 방문하게 되어 자신이 소속된 지역 교회에서 예배 참석이 어려울 때, 성찬 참여증명서나 교인증명서를 자신의 교회로부터 발급받아 다른 자매 교회에 제출하고 예배에 참여해야 합니다. 그 교회가 자신이 소속된 교회와 같은 교단의 무척 친분 있는 자매 교회라 할지라도 예외가 없습니다. 두말할 필요 없이, 타 지역의 교회에서 예배를 드릴 때는 같은 신앙고백을 하는 교회에 출석해야 합니다. 장로교회 교인이 침례교회에 출석한다든지, 감리교회에 출석하는 것은 매우 비성경적입니다.

주의 날은 예배뿐만 아니라 신앙교육의 날이기도 합니다. 언약의 자녀들에게 신앙고백을 가르쳐야 하고, 영적 성숙을 위해 다른 날보다 특히 더 노력해야 합니다. 부모들은 반드시 그날 들었던 하나님의 말씀을 자녀들에게 다시 한 번 확인하여 설명해야 하고 그 말씀을 따라 살아야 함을 가르쳐야 합니다. 자녀교육의 책임은 일차적으로 부모에게 있습니다. 그러므로 부모는 주의 날, 모든 일정을 마치고 집으로 돌아가는 즉시 자녀들에게 그날 들은 말씀을 요약하여 설명하고 그 말씀을 따라 살아가는 모습이 어떠해야하는지 교육해야 합니다.

성도의 교제가 꽃피는 평일의 삶

한국 교회 성도들은 바쁜 일상에 짓눌려 있습니다. 그러다보니 다른 성도들과 조용히 대화하며 삶을 나누는 깊은 성도의 교제를 누리기가 쉽지 않습니다. 그러나 성도의 교제는 교회의 본질이면서 동시에 그 본질을 강화시키는 촉진제와 같습니다. 성도들은 흩어져 하나님 나라를 위해 전투해야 하며, 함께 모임으로 그 전투의 역량을 강화시킵니다.

주 중에 다른 성도들과 한두 차례 교제할 수 있는 시간을 갖기를 권합니다. 이는 하나님 나라를 위해 달려가는 하늘나라 군인의 사기 진작(振作)을 위한 필수요소입니다. 바쁜 일상에서 다른 성도들과 저녁시간을 할애하여 함께 식사하며 교제하는 즐거움은 동지애를 극대화시키며, 각자의 삶에서 역사하시는 하나님의 손길을 느낄 수 있는 최고의 시간입니다.

지혜로운 삶과 문제를 해결하는 원리

교회도 인간의 공동체이기에 항상 문제를 안고 있습니다. 성도들 사이에 갈등은 상존하기 마련입니다. 성숙한 교회와 그렇지 못한 교회의 차이는 이러한 갈등을 어떻게 해결하느냐에 달려있습니다. 갈등을 지혜롭게 해결하는 첫 번째 방법은 갈등 자체를 인정하는 것입니다. 모든 문제를 해결하는 기본은, 문제 자체를 인정하는 데서 출발합니다.

다음으로 갈등이 있는 당사자 간의 만남을 통해 문제를 해결해야 합니다. 문제가 서로 간의 오해이든지 아니면 교회를 어지럽게 하는 것이든지 관계없이 그러해야 합니다. 이것이 성경의 원리입니다 (마18:15). 이 때, 수군수군하지 말아야 합니다. 소문은 진실을 왜곡시키며, 문제를 더 복잡하게 만듭니다.

한국 교회 안에 자리 잡고 있는 대표적인 악습 중에 하나가 수군수군하는 것입니다. 소위 뒷담화는 인간관계를 저해할 뿐만 아니라 교회의 거룩성과 단일성을 여지없이 무너뜨립니다. 수군수군하는 것은 하나님의 복음이 그 속에 없다는 증거입니다(롬1:29). 바울도 고린도 교회가 수군수군할까 두려워한다고 했습니다(고후12:20).

갈등은 질서를 따라 해결해야 합니다. 이 면에서 마태복음 18장의 원리는 모든 교회의 기준입니다. 특별히 교회의 거룩성과 순결에 관련된 문제일 때에는 더더욱 그러해야 합니다. 당사자끼리 먼저 접촉하여 권하고, 다음으로 증인으로 한두 사람을 동행하여 권하며, 마지막으로 교회에 말해야 합니다.

갈등은 성숙한 교회로 가는 길목입니다. 갈등을 통해 교회는 기도하게 되며 성경의 원리를 찾게 되고 그로 인해 더 분명한 하나님의 뜻을 알 수 있습니다. 초대교회 시대에 수많은 갈등이 교회 가운데 있었습니다. 신약성경의 많은 부분은 그러한 갈등을 해결하는 원리와 길을 제시했습니다. 그러므로 갈등 자체를 두려워할 필요는 없습니다. 오히려 갈등을 통해 하나님의 뜻을 더 분명하고 신속하게 알 수 있습니다.

우리가 갈등에 직면했을 때 반드시 기억해야 할 내용이 있습니다. 교회는 그리스도의 피로 맺어진 한 몸이라는 사실입니다. 이는 여간 어려운 관계와 문제가 발생해도 한 몸이요 한 지체이기에 절대로 남이 될 수 없음을 상기시킵니다. 몸이 질병을 앓는 것은 흔히 일어나는 현상입니다. 그러한 질병이 오히려 건강에 대한 경각심과 면역성을 키웁니다. 교회는 갈등을 통해 더욱 견고해지고 성숙합니다.

1. 교회 중심으로 살기 위한 두 가지 조건은 무엇입니까?

2. 한국교회가 보편교회에 소속되기를 소망해야 하는 이유는 무엇입니까?

3. 교회 중심으로 살기 위하여 선행되어야 할 것은 무엇입니까?

4. 웨스트민스터 소교리문답 제 1문이 가르치는 사람의 제일 되는 목적은 무엇입니까?

5. 질서 있는 생활을 위한 세 가지 원리에 대한 구체적인 실례를 말해봅시다.

6. 우리가 속한 교회, 가정, 직장 등에서 교회중심의 삶의 원리를 따라 살아가는 모습의 실제가 어떠해야 할지 상고해봅시다.

부 록

공교회 3대 신경 | 성구 색인

* 부록 1 공교회 3대 신경은 『헌법』(서울: 대한예수교 장로회 고신 총회, 2011)을 참고하였습니다.

사도신경

I. 성부 하나님

1. 나는 전능하신 하나님 아버지, 천지의 창조주를 믿습니다.

II. 성자 하나님

2. 나는 그분의 독생자 우리 주 예수 그리스도를 믿으오니,

3. 그분은 성령으로 잉태되어 동정녀 마리아에게서 나셨고,

4. 본디오 빌라도 치하에서 고난당하시고, 십자가에 달리시고, 죽으시고, 장사되시고, 음부에 내려가셨으며,

5. 사흘 만에 죽은 자들로부터 부활하셨고,

6. 하늘에 오르셨고, 전능하신 하나님 아버지의 우편에 앉아 계시는데,

7. 거기로부터 산 자들과 죽은 자들을 심판하러 오실 것입니다.

III. 성령 하나님

8. 나는 성령을 믿습니다.

9. 나는 거룩한 공교회와 성도의 교제와

10. 사죄와

11. 육의 부활과

12. 영생을 믿습니다. 아멘

니케아 신경

I. 성부 하나님
우리는 전능하신 하나님 아버지, 하늘과 땅과 모든 보이는 것들과
보이지 않는 것들의 창조주를 믿습니다.

II. 성자 하나님
그리고 우리는 한 주님 예수 그리스도, 아버지의 독생자를 믿으오니,
그분은 만세 전에 아버지에게서 출생하셨고
빛으로부터의 빛이며, 참 하나님으로부터의 참 하나님이십니다.
출생하셨지 만들어지지 않으셨고,
아버지와 동등본질이시며,
그분으로 말미암아 만물이 있게 되었습니다.
우리 인간과 우리 구원을 위하여 하늘에서 내려오시어
성령으로 말미암아 동정녀 마리아에게서 성육하셨고,
사람이 되시었습니다.
우리를 위하여 본디오 빌라도 치하에서 십자가에 못 박히시었고
고난당하고 장사되시었습니다.
성경을 따라 사흘 만에 부활하셨고,
하늘로 올라가시었고, 아버지의 오른편에 앉아계시며,
영광 중에 다시 오시어 산 자들과 죽은 자들을 심판하실 것입니다.
그분의 나라는 끝이 없을 것입니다.

III. 성령 하나님

그리고 우리는 주님이시며 생명의 수여자이신 성령을 믿으오니,

그분은 아버지와 그리고 아들로부터 나오시며,

아버지와 아들과 함께 경배와 영광을 받으시는 분이며,

선지자들을 통하여 말씀하셨습니다.

우리는 하나의 거룩하고 사도적인 공교회를 믿습니다.

우리는 사죄를 얻게 하는 하나의 세례를 고백합니다.

우리는 죽은 자들의 부활과 내세의 생명을 대망합니다. 아멘

아타나시우스 신경

1. 구원 받기를 바라는 자는 그 누구든지 다른 무엇보다도 공적 (=보편적) 신앙을 소유해야 합니다. 2. 누구라도 이 신앙 전부를 순결하게 보존하지 않으면, 그 사람은 틀림없이 영원히 멸망 받을 것입니다.

3. 공적 신앙은 다음과 같습니다: 우리는 삼위로 계시는 한 분 하나님, 일체이신 삼위를 예배하되, 4. 위격을 합성하지 않으며, 실체를 분리하지 않습니다. 5. 아버지는 한 위격이시요, 아들도 한 위격이시고, 성령도 한 위격이시기 때문입니다. 6. 그러나 아버지와 아들과 성령의 신격은 하나이며, 그 영광은 동등하며 위엄은 함께 영원하십니다.

7. 아버지의 어떠하심과 같이 아들도 그러하며 성령도 그러합니다. 8. 아버지는 창조되지 않으시고, 아들은 창조되지 않으시고, 성령도 창조되지 않으셨습니다. 9. 아버지는 무량하시며, 아들은 무량하시며, 성령도 무량하십니다. 10. 아버지는 영원하시고, 아들은 영원하시고, 성령도 영원하십니다. 11. 그러나 이분들은 영원하신 세 분이 아니라 영원하신 한 분이십니다. 12. 마찬가지로 창조되지 않은 세 분, 무량한 세 분이 아니라, 창조되지 않은 한 분과 무량하신 한 분이십니다. 13. 마찬가지로 아버지는 전능하시고, 아들은 전능하시고, 성령도 전능하십니다. 14. 그러나 세 전능자가 아니라, 전능하신 한 분이십니다.

15. 그리하여 아버지는 하나님이시오, 아들은 하나님이시오, 성령도 하나님이십니다. 16. 그러나 세 하나님이 아니시오, 한 하나님이십니다. 17. 마찬가지로 아버지는 주님이시오, 아들은 주님이시고, 성령도 주님이십니다. 18. 그러나 세 주님이 아니시고 한 주님이십니다. 19. 기독교 진리가 강권하여 각 위격이 스스로 하나님이시고 주님이심을 고백하게 하듯, 20. 공적(=보편적) 종교는 세 하나님이나 세 주님이 계신다고 말하지 못하게 금합니다.

21. 아버지는 누구로부터 만들어지지 않았고, 창조되지 않았으며, 출생하지도 않으셨습니다. 22. 아들은 아버지로부터만 나오시고, 만들어지지 않았고 창조되지 않았으나, 출생하시었습니다. 23. 성령은 아버지와 아들로부터 나오시고, 만들어지지 않았고, 창조되지 않았고, 출생하지도 않았으나, 나오십니다. 24. 그리하여 한 아버지가 계시되 세 아버지가 아니며, 한 아들이 계시되 세 아들이 아니며, 한 성령이 계시되 세 성령이 아닙니다. 25. 이 삼위일체 안에는 누구도 앞서지 않고 누구도 뒤따르지 않으며, 누구도 더 크거나 누구도 더 작지 않으십니다. 26. 오히려 삼위 모두 동일하게 영원하시고, 동등하십니다.

27. 그러니 이미 위에서 말하였듯이, 만사에서 삼위 안에서 일체께서 그리고 일체 안에서 삼위께서 예배 받으셔야 합니다. 28. 그러므로 구원 받기를 원하는 자는 이와 같이 삼위일체를 깨달아야 합니다.

29. 나아가 영원한 구원을 얻기 위하여, 우리 주 예수 그리스도의 성육신도 신실하게 믿어야 합니다. 30. 정통 신앙은 우리가 믿고 고백하는 것인데, 곧, 우리 주 예수 그리스도께서 하나님의 아들이요, 하나님이며 사람이라는 것입니다.

31. 또 그분은 아버지의 실체에서 나오시고, 창세전에 출생하셨으니 하나님이시오, 자기 모친의 실체에서 나오시고 세상에서 태어났으니 사람이십니다. 32. 완전한 하나님이시오, 이성적 영혼과 인간의 육이 공존하시니 완전한 사람이십니다. 33. 신성을 따라서는 아버지와 동등하시고, 인성을 따라서는 아버지에게 열등하십니다.

34. 그분이 하나님이시오 사람이시나 두 그리스도가 아니라, 한 그리스도가 계십니다. 35. 신성이 육으로 전환함이 아니라, 하나님 안으로 인성을 취하심으로 한 그리스도이십니다. 36. 실체의 혼합이 아니라 위격의 일체로 확실하게 한 그리스도이십니다. 37. 즉 이성적 영혼과 육이 한 사람을 이루듯, 하나님이요 사람인 그분은 한 그리스도이십니다.

38. 그분은 우리 구원을 위하여 고난당하셨고, 음부에 내려가셨으며, 사흘 만에 죽은 자 가운데서 부활하셨습니다. 39. 하늘로 올라가셨고, 전능하신 하나님 아버지 우편에 앉아 계십니다. 40. 거기서 산 자들과 죽은 자들을 심판하러 오실 것입니다. 41. 그분이 오실 때 만인은 자신들의 몸으로 부활할 것이며, 42. 자기 행위를 직고할 것입니다. 43. 선을 행한 자들은 영생으로, 악을 행한 자들은

영원한 불로 들어갈 것입니다.

44. 이상이 공적 신앙입니다. 누구라도 신실하고 확고하게 믿지 않으면, 구원 받지 못할 것입니다.